中国梦

中国少年

中国少年不可不读的
大国工匠故事

主　编：王　剑
副主编：曹　华
编　委：吴　宏　崔玉琴　何万祥　储呈进
王　云　赵海燕　韩兆芬　陈蔷薇

现代教育出版社
Modern Education Press

图书在版编目（CIP）数据

中国梦·中国少年不可不读的大国工匠故事 / 王剑主编. --北京：现代教育出版社，2017.12（2021.9重印）

ISBN 978-7-5106-5900-3

Ⅰ. ①中… Ⅱ. ①王… Ⅲ. ①先进工作者－先进事迹－中国－现代－少年读物 Ⅳ. ①K820.7-49

中国版本图书馆CIP数据核字（2017）第292522号

中国梦·中国少年不可不读的大国工匠故事

出品人 陈 琦
主　编 王 剑
选题策划 李 硕
责任编辑 李 硕 王海平
封面设计 韩志鹏
出版发行 现代教育出版社
地　址 北京市朝阳区安华里504号E座
邮　编 100011
电　话 010-64252230（编辑部） 010-64256130（发行部）
印　刷 三河市祥达印刷包装有限公司
开　本 710mm × 1000mm 1/16
印　张 8
字　数 110千字
版　次 2018年5月第1版
印　次 2021年9月第7次印刷
书　号 ISBN 978-7-5106-5900-3
定　价 20.00元

什么是中国少年的中国梦

习近平总书记在参观“复兴之路”展览时指出：“实现中华民族伟大复兴，就是中华民族近代以来最伟大的中国梦。”中国梦凝聚了中国人民对中华民族伟大复兴的憧憬和期待，需要一代又一代人为之努力奋斗。在谈到中国少年的中国梦时，习近平总书记寄语：“全国青少年要志存高远，增长知识，锤炼意志，让青春在时代进步中焕发出绚丽的光彩。”

中国青少年要如何实现中国梦呢？

首先，树立正确的价值观，相信榜样的力量。什么样的“榜样”才是有力量的呢？曾经我们把雷锋当成学习的榜样，把华罗庚、陈景润当成奋斗的目标，我们把周恩来的“为中华崛起而读书”写在书桌上……

我们编写《中国梦·中国少年不可不读的榜样人物故事》《中国梦·中国少年不可不读的大国工匠故事》，收集现当代四十位不同时期、不同岗位为祖国做出卓越贡献的人的材料，讲述他们的故事，目的就是让广大少年认识强大国家背后的力量、树立正确的行为榜样和价值观，以榜样去影响、带动、感召少年们，让榜样的力量春风化雨，激起他们奋进的动力。

其次，锻炼坚忍不拔和自强不息的意志。中央电视台组织拍摄的大型纪录片《大国工匠》，将一群在平凡岗位上把工作做到极致的人推入大众的视野。他们在工作中，也曾因枯燥、艰难而迟疑，但无一例外地坚持了下来，做出了不平凡的成绩。读他们的故事，不仅是了解他们成功后的光环，更重要的是学习他们的“平凡”，学习他们百折不挠、勇往直前、顽强拼搏的精神。

最后，自知自制，刻苦学习。中国少年是承载中国梦的主体之一，要努力学习科学文化知识，积极参加社会实践，提高自身综合能力，为祖国未来的建设积聚能量，以自己的梦托起中国梦，深刻学习和认识中国梦的内涵和实现路径，共同书写民族复兴、国富民强的璀璨篇章。

中国少年中国梦，希望大家能在这些人物故事里汲取正能量，找到正确的方向。

编者

2018年3月

目录

我的追求很简单，我希望每一位焊工都把焊接标准熔到骨子里，把焊枪下的产品升华到极致，从而形成一件件艺术品……

——李万君

李万君——高铁车间的“工人院士”

在中央电视台“感动中国”2016年度人物颁奖典礼上，李万君当选“感动中国”年度人物。“感动中国”给予李万君的颁奖词这样写道：“你是兄弟，是老师，是院士，是这个时代的中流砥柱。表里如一，坚固耐压，鬼斧神工，在平凡中非凡，在尽头处超越，这是你的人生，也是你的杰作。”这份颁奖词生动诠释了李万君的职业价值和人生追求。

李万君的心里一直有一个信念，这也是他做“工匠”的标准：“每个焊缝都关系着高铁列车的安全和舒适，必须表里如一，不能有一点儿瑕疵。”

院士：国家所设立的科学技术方面的最高学术称号，一般为终身荣誉。在中国，院士通常是指中国科学院院士或中国工程院院士。

作为中国第一代高铁工人的杰出代表，李万君是这样想的，也是这样做的。工作30年，他凭借自己精湛的技艺成为公司转向架制造中心的焊接大师、首席操作师，曾获得了中华技能大奖，被人们称为“工人院士”。让我们通过一个个小故事了解高铁车间的“工人院士”——李万君。

艰难的起步——成为厉害的焊接“大师”

“我现在一听焊接的声音，就知道哪个徒弟或是员工哪个地方焊得不好，焊缝是宽还是窄，焊接质量好不好……”——这样难以达到的境界，李万君达到了，这背后浸透着他的无数血汗。

1987 年 8 月，19 岁的李万君职业高中毕业后被分配到长春客车厂。也许我们并不熟悉长春客车厂，但我们乘坐的地铁、动车、高铁，很多都是这里生产的，现在它是我国知名的轨道客车研发、制造、检修及出口基地。刚入厂时，李万君被安排到配焊车间最苦最累的水箱工段。李万君的父亲是长春客车厂的老职工，连续多年被厂里评为劳动模范。成为像父亲一样的劳动模范，是李万君小时候的心愿。但真正走上工作岗位后，他才发现水箱焊接工作是何等的艰苦。

长春客车厂：始建于 1954 年，2002 年 3 月改制为股份公司，称长春轨道客车股份有限公司，是中国地铁、动车组的摇篮。

有一个顺口溜这样形容李万君所从事的工作——远看像逃难的，近看像要饭的，仔细一看是水箱工段的。他工作的车间，每天都是火星乱蹦、烟雾弥漫，叮咣的声音刺得耳朵生疼。夏天，焊枪喷射着烈焰，烤得人喘不上气来。

极端的热，透心的凉，是水箱工工作环境的真实写照。这样艰苦的工作不是每个人都能坚持下来的。一年后，当初和李万君一起入厂的 28 个伙伴，有 25 个离了职。但李万君留了下来，一干就是 10 年，直到水箱工段变为转向架焊接车间。

转向架焊接车间：主要工作是各部件组装焊接完成后，通过编制合理的焊接工艺规程控制焊接变形，生产出高质量的零件。

焊接工作虽然没有水箱工段那么辛苦，但也不是轻松的工作。李万君没有任何抱怨，又开始了在焊接车间的勤学苦练。厂

每次呼吸、移步和变换身姿都万分小心，焊枪在手中稳稳地移动，焊花不停闪耀——这是李万君的工作常态。

里规定每人的工作量是每月焊 100 个水箱，可李万君总会多焊 20 个，超额完成任务。在别人眼里是吃苦受累，但李万君知道这是练技术的好机会。就是凭着这么一股勤学苦练、锲而不舍的干劲儿，李万君练就了一套过硬的焊接本领。

有一年，工厂水管冻裂了，水一直哗哗地流，生产无法正常进行。可修理的时候，带压焊接一焊就噗噗冒气儿，根本焊接不上，连经验丰富的老师傅也没了主意。车间主任找来了李万君。李万君仔细观察，反复琢磨，想道：焊接的最大难点就是有气体不断排出，那么只要不让气体排出，或者换个地方排出来，那问题不就解决了吗？于是，他在裂口处焊上了一个带螺纹的管座，让气体从中排出，解决了难题，顺利完成焊接。大家都对他竖起了大拇指。

1997 年，李万君首次代表长春客车厂参加长春市电焊工人大赛，虽然他是最年轻的选手，但各项技术均驾轻就熟，轻松夺冠。此后，由于经常与不同单位的焊接高手切磋，李万君的技艺越来越高，顺利考取了碳钢焊接、不锈钢焊接等 6 项国际焊工技师资格证书，成为焊接大师。成为像父亲那样的劳模曾是李万君的心愿，但现在，李万君已成为父亲的骄傲。

技能的传承——成为高新技术的“主力军”

为了适应我国经济的高速发展，生产出更快速更高水平的铁路客车，在 2008 年，长春轨道客车股份有限公司引进德国西门子时速 350 公里高速动车组技术。德国的工艺标准是全新的，要求每名转向架焊接的上岗工人必须取得国际焊工证书。而德国人提供的转向架焊接试验片，只有李万君一人能焊出来。

为了新项目，公司从技校招来400多名学生让李万君培训，要求他们在最短的时间内上岗。昂贵的生产设备无人能用，白纸一样的学员，技校毕业的新员工有的连数学换算都不会，培训难度超出想象。李万君常常愁得彻夜不眠。

到底该怎么办呢？李万君不断琢磨，他想到了孔子的“因材施教”，决定把学员分类，根据他们的体态胖瘦、走路步伐、运用焊枪的习惯姿势等特点进行分班教学，制订不同的训练方案，再将复杂的工艺操作过程拆解开来，分成具体步骤，一步步讲解，一拨拨示范。那时候李万君走路都带着风，上厕所都要挤时间，生病了也顾不上去医院，只用药撑着，没多长时间，他就瘦了10多公斤。最终，奇迹出现了，400多名学员全部提前半年完成培训任务，拿到了国际焊工资格证书，为打造一批“大国工匠”储备了坚实的新生力量……

德国西门子的焊接权威布鲁诺也对此大加赞扬，他敬佩地用不太标准的普通话说：“李，你创造了奇迹。”这番话不仅仅是因为李万君的技术精湛，更是因为他培养的徒弟得到了他的真传，个个技艺高超。

李万君也没有想到会有这样好的效果，这次的培训给他带来了极大的收获，从此，他在培训焊接专业人才的路上越走越远，还成立了自己的工作室。2011年，他的工作室被国家相关部门授予“李万君大师工作室”称号。近来年，李万君的工作室先后组织了几百场培训，为国家培训焊工1万多人次，工人们考取了各种国际、国内焊工资质证书2000多项，为高速动车组、城铁车、出口车等20多种车型的生产一线提供了不可多得的技能人才。

这些年来，李万君的目光放得很长远，他不仅承担着为本单位培养后备技术工人的重任，还利用自己的“大师工作室”这一平台，帮助外单位的技术工人培训，将自己的技艺无私传承下去，因为他深知：“技能，传承下去才有价值。”因此，他三次被长春市总工会聘为“高技能人才传艺项目技能指导师”。同时，李万君还将自己毕生的技能归纳总结并撰写成书，供更多的工人和专业人才学习，而他的著作也已经变成广大焊工的操作规范。

作为李万君的徒弟，董泽民深有感触地说：“在我们眼中，师傅是一个传奇人物。无论多难的焊接作业，在师傅手中都能完美地完成。”董泽民回想起自己刚刚入厂时，因技术生疏，动手能力不强，甚至不太敢动手操作，是师傅李万君手把手、一点点领着他操作，让他学到了很多书本上没有的技巧。

不断地创新——成为非凡的“大国工匠”

李万君对自己要求很高，他认为每一个焊件都来不得半点儿马虎，有一点儿瑕疵都是失误，他从不用“差不多”来为自己的失误找借口。

一次又一次的试验，一次又一次的攻关……李万君的焊接技艺早已炉火纯青，那把焊枪也早已能跟着他的想法而动。

2007年，长春轨道客车股份有限公司开始研制生产时速250公里的动车组，当时，这可是全国铁路第六次大提速。李万君又遇到了“拦路虎”。按照以往的经验，列车转向架的横梁与侧梁间的接触环口需要焊接的段数较多，而整车约50吨的重量还要靠它来承载，因此它就如同建筑物的承重墙一样。可段数多就会带来接头不熔合的缺陷，质量自然无法保证。

李万君想：既然焊接段数有隐患，能否一枪把这个环口焊下来呢？他在研讨会议上提出了这个想法，但来自法国的专家认为这是无法做到的。李万君没有与他争执，他决心用事实说话。在一个月的反复钻研摸索后，李万君真的实现了一枪焊完整个环口的想法。他真的做到了，而且做得如此完美，骄傲的法国专家不得不感叹自己的断言为之过早。

中国高铁列车搭载着中国梦在步步提速，而这高速度更有高质量作保证。李万君一步步攻坚克难，大显身手。曾经，列车时速80公里，只要焊结实就行，外面的焊渣都不用清理；而现在，高铁列车时速300公里，掉一个焊渣都可能造成重大事故，所以每一个焊件都得精益求精。

为了攻克各种各样的困难，李万君成立了一个攻关团队，遇到焊接难题时，团队群策群力，将技能和智慧紧密地结合在一起，突破一个又一个难关。

在焊接作业上，李万君严格控制每一道焊缝的质量，不放过任何一个细微环节，努力做到完美。在团队的共同努力下，李万君将精湛的焊接技术用在了高速车、铁路客车、城铁车上；他还参与了出口澳大利亚、新西兰、巴西、泰国、沙特阿拉伯、埃塞俄比亚等国家的列车转向架项目；他制定出规范的转向架焊接的操作方法、技术要领，技术攻关100多项，其中21项获得国家专利，代表了轨道车辆转向架焊接的世界最高水平。

高铁列车在提速，焊接技术也在不断完善。30年来，李万君用一支焊枪为中国高铁争光。他把普通的焊接工作做到了极致，成就了自己，成为感动中国的“大国工匠”，也推动了中国制造走向中国创造的进程……

【阅读关键词】 坚守、执着、奉献

【成长启示】 学习李万君执着专注、严谨踏实、一丝不苟、精益求精、勇于创新、追求卓越的工匠精神，坚守理想和信念，不忘初心，牢记使命，活出精彩的人生。

每个零件都关系着乘客的生命安全。确保质量，是我最大的职责。

——胡双钱

胡双钱——航空“手艺人”

中国商用飞机有限责任公司：所属单位有中航商用飞机有限公司、上海飞机设计研究院、上海飞机制造有限公司、上海飞机客户服务有限公司以及上海航空工业（集团）有限公司。

“运-10”飞机：20世纪70年代由中国上海飞机制造厂（今上海飞机制造有限公司）研制的大型喷气式客机。

大飞机是代表国家装备制造业能力和水平的敏捷制造，是推动中国经济转型升级的重要引擎之一。大飞机作为“国家名片”，是中国梦的重要组成部分。这张“国家名片”的锻造者，是无数的科技工作者和高技能人才。

胡双钱，中国商用飞机有限责任公司的一名高级技师，数控机加车间钳工组组长，不仅亲身参与了“运-10”飞机的研制，更在ARJ21新支线飞机及中国新一代大飞机C919的项目研制中做出了重大贡献。在35年的钳工生涯里，他加工了数十万个飞机零件，无一次品，这是一份怎样令人佩服的实力啊！

核准、划线，锯掉多余的部分，拿起气动钻头依线点导孔，握着锉刀将零件的锐边倒圆、去毛刺、打光……这些，是他每天的工作。在这日复一日的工作中，他秉承“一次做好、缺陷为零”的质量理念，用产品质量践行对生命的尊重。

胡双钱和他的钳工班组数十年如一日，不慕浮华，低调地为大飞机的重要零件进行细微调整，成就了非同寻常的业绩。

父母的希望

1960 年 7 月，胡双钱出生在一个普通的工人家庭，等待他的是一段艰苦的岁月。农村有句老话叫“荒年饿不死手艺人”，父母觉得掌握一门技术，是最可靠的。于是，在父母的教诲下，胡双钱就想长大后做一名技术工人，踏踏实实地学门手艺，过上安稳的日子。

小时候的胡双钱活泼好动，对飞机充满了好奇。每当看到飞机从头顶上呼啸而过，他就想：要是我也能把飞机送上蓝天，该多好啊！就这样，他在心底埋下了当一名航空技术工人、造出世界一流飞机的种子。

1980 年，从 5703 厂技工学校（上海飞机制造厂技校）毕业后，胡双钱被分配到飞机维修车间。刚进入飞机维修小组，还谈不上什么能力和经验，因而他每天多半是跑工具间，帮助取送不同的工具。虽然这项工作简单而枯燥，但胡双钱没有半点怨言。他认为，要掌握好技术，就得从学会准确分辨和了解工具开始。他认真地做好每件事，拿工具总是又准又快，一有空还拿着工具自己琢磨。一段时间后，他对各种工具的用处了如指掌。

熟悉了工具后，胡双钱正式开始了他的焊工生涯。他是大家眼里灵巧的小师弟，干起活来麻利又勤快，学起东西来劲头十足。飞机是庞然大物，但它的零件加工都是一些精度要求高、技术难度大的精细活，胡双钱认真学习，深入思考，大胆实践，学到了许多技巧和方法。功夫不负有心人，经过理论学习和技术钻研，胡双钱很快就能独立操作了。

20 岁那年，上海飞机制造厂组织技术大赛，年轻的胡双钱初生牛犊不怕虎，积极报名参赛，结果在赛场上一鸣惊人，取得了第四名的好成绩。这次比赛给了胡双钱极大的鼓舞。后来，凡是遇上技术比赛，胡双钱就踊跃报名参加，因为他想通过这一平台不断学习、不断钻研、不断提高。正如胡双钱所说，精湛的技术是靠长期的积累磨练出来的。

岁月的坚守

在技校实习期间，胡双钱跟着老师参与了“运 -10”飞机零部件的加工生产，有了一次难得的实践机会。他十分珍惜这次机会，虚心向师傅请教，苦练操作技能，不懂就问。

实习期满后，胡双钱来到上海飞机制造厂数控机加车间钳工组。他不怕脏，不怕累，很快成长起来，技术能力得到提高，经验也逐渐积累起来。就在这期间，“运 -10”飞机完成了完美的首飞。这是中国人在民用航空领域自主研发的大飞机，承载着无数人的梦想，参与“运 -10”飞机零部件的加工生产也成为胡双钱一生中最骄傲的事情之一。

然而，喜悦还没散去，由于种种原因，“运 -10”项目最终下马，原本聚集了中国航空制造精英的上海飞机制造厂突然变得十分冷清。不少有水平的技术人员离开到外企、私企就职，这支好不容易聚集起来的队伍渐渐散了。技艺出众的胡双钱自然也受到了邀请，一家私营企业的老板甚至开出了当时他工资 3 倍的高薪，但他拒绝了。他不想离开飞机，因为那里承载着他的梦想。他留了下来，选择了坚守。

在困境中求生存，需要强大的忍耐力。建造“运 -10”飞机的工作被叫停后，工厂只能承接一些民用小电器，用行话说叫“民品”。“就是民品，也能练技术。”胡双钱虽然有些惋惜，却也并不觉得浪费，他觉得自己不能停下来，不能丢了焊工这门手艺。值得高兴的是，胡双钱用造飞机的技术生产出来的普通小电器，如电风扇、绞肉机等，价廉物美，深受老百姓欢迎。

苦心人，天不负。1985 年 4 月，美国麦克唐纳·道格拉斯公司和上海飞机制造厂签署了生产 25 架 MD82 飞机的合同。又可以接触飞机了，胡双钱无比激动，全身心地投入到工作中。

2003 年，胡双钱开始参与 ARJ21 新支线飞机项目。这一次，他对质量有了更高的要求，几十年的积累和沉淀终于有了用武之地。

2006 年，中国新一代大飞机 C919 终于立项，胡双钱更有自信和斗志了。2015 年 11 月 2 日，C919 大型客机首架机正式下线，这对于担任大飞机制造的首席钳工技师胡双钱而言同样意义非凡，这也标志着他坚持了 35 岁的梦想终于实现。

胡双钱不断进取，不断拼搏，不断超越，这让他的人生道路更加宽阔，也让他的生命之花更加美丽、绚烂。

百分之百合格

5 年，10 年，15 年，35 年，这是一段多么漫长的岁月！胡双钱已经不记得到底加工过多少飞机零件，但他手里从没出过一个次品。对于这个令人震惊的纪录，胡双钱很淡定，没有什么豪言壮语，有的只是平淡的两个字：用心。不管多么简单的加工，他都会在干活前认真核校图纸，操作时小心谨慎，加工完多次检查，“慢一点、稳一点，精一点、准一点”。凭借多年积累的丰富经验和对质量的执着追求，胡双钱在 ARJ21 新支线飞机零件制造中大胆进行工艺技术攻关创新。

2008 年 5 月 11 日，中国商用飞机有限责任公司在黄浦江畔成立。这个好消息让胡双钱热血沸腾。

他全身心地投入到工作中，全天都在数控机加车间里，打磨、钻孔、抛光，每一个细节都不马虎。飞机上的零件各种各样，大的将近 5 米，最小的比曲别针还小。有一次，他加工的一个零件直径很小，孔径深度又较长，零件加工好后，无法测量内径，也没有专用量具。胡双钱反复琢磨，终于找到一个解决方法，直到数据都测算到了，零件也符合加工的要求了，他才暗暗松了一口气。

胡双钱不仅按工作计划加工形状各异的零部件，有时还要临时“救急”。

一次，厂里急需一个特殊零件，但从原厂调配需要几天时间，为了不耽误工期，只能在现场临时加工。这是任务，也是一项挑战。这个零件的精度要求是 0.24 毫米，不到一根头发丝直径的二分之一。这样的零件本来要靠先进的数控车床来完成，但当时厂里没有匹配的设备，胡双钱硬是靠着自己的双手和一台传统的铣钻床，用了一个多小时，想方设法打出了 36 个孔。当这场“金属雕花”结束后，一旁的工友们都情不自禁地鼓起了掌。

团队的力量

一人好不算好，一个团队好才是真的好。胡双钱作为公司数控机加车间钳工组组长，主要负责 ARJ21-700 飞机项目的零件生产、C919 大型客机项目的技术攻关，并承担青年员工的培养工作。

他陷入思考：怎样才能把自己的技术传承下去，让更多的钳工成长起来？除了教育、培训，没有其他捷径可走。只有把团队中的所有成员有效地组织起来，使大家团结在一起，勤学，乐学，才能发挥出团队的无穷力量。

胡双钱觉得只有发挥徒弟们的主观能动性，才能使他们更熟地记住操作的关键点，更快地掌握关键技术。他不是简单地手把手教徒弟怎么干活，而是点出关键点，让他们自己琢磨、领悟，让他们从失败中吸取教训，从成功中获得经验。在他的指导下，在上海飞机制造有限公司举行的两届技能大赛中，胡双钱所在班组的参赛选手每次都名列前茅。

胡双钱是诲人不倦的老师，不仅拥有崇高的师德，更拥有一名钳工的艺德，备受大家敬佩。胡双钱曾感慨地说：“勤奋刻苦为我赢得尊严，技艺精湛让我收获荣誉，我为自己是一名航空技术工人而感到自豪。”

胡双钱怀揣着造飞机的梦，从青年到中年，从意气风发到沉稳内敛，在坚守的路途中，他没有退缩放弃，没有失去信心，更没有徒手等待。他在一次次的零件加工中提升自己的技术，在一次次的挑战“不可能”中锤炼着自己的能力。匠人精神，或许起源于简单的操作，却停留在了最伟大的情怀。胡双钱，正是在不断的追求和打造中，获得了事业上的那份极致和完美。

【阅读关键词】梦想、坚守、完美

【成长启示】梦想，让人生插上双翼。在实现梦想的道路上，执着坚守，追求完美，梦想就成了现实。

每个人都有自己的发展之路。有人读书厉害，那就一路读到高学历也无妨；有人读书不行但动手能力强，只要肯吃苦，技术工人倒很合适。

——顾秋亮

顾秋亮——打造“蛟龙”的大国工匠

2017年6月23日，“向阳红09”船搭载“蛟龙”号载人潜水器及96名科考队员停靠国家深海基地码头。至此，历时138天，“蛟龙”号圆满完成第38航次科学考察任务，同时标志着为期5年的“蛟龙”号试验性应用航次圆满收官。

潜水器：具有水下观察和作业能力的活动深潜水装置，主要用来执行水下考察、海底勘探、海底开发和打捞、救生等任务。

“蛟龙”号载人潜水器是一艘由中国自行设计、自主集成研制的载人潜水器，是目前世界上潜深最深的载人潜水器，其研制难度不亚于航天工程。在这个高精尖的重大技术攻关中，离不开一个普通钳工技师，他就是顾秋亮——中国船舶重工集团公司第702研究所水下工程研究开发部职工，“蛟龙”号载人潜水器首席装配钳工技师。

第702研究所：隶属于中国船舶重工集团公司，主要从事舰船及水中兵器等领域的研究。

作为首席装配钳工技师，顾秋亮“拼命三郎”的形象深入人心。他遇事爱琢磨善钻研，不弄个清楚决不罢休。凡是交给他的活儿，他总是绞尽脑汁想着如何改进安装方法和工具，提高安装精度，进而高质量地完成安装任务。正是凭着这股爱钻研的劲儿，顾秋亮在工作中练就了较强的创新和解决技术难题的技能。

10多年来，顾秋亮带领全组成员，积极配合设计人员，对每个细节进行精细操作，以严谨的科学态度、踏实的工作作风、扎实的技术技能和实践经验，保质保量地完成了“蛟龙”号总装集成、数十次水池试验和海试过程中的“蛟龙”号部件拆装与维护，用实际行动演绎着对祖国载人深潜事业的忠诚与热爱。

“顾两丝”的绝活

蓝色T恤、老花镜挂在脖子上，这样的顾秋亮很干练。他最与众不同的是那双手，由于长期使用锉刀、扳头等工具，这双手已磨得很光滑，指纹也磨得不太清晰了。是43年的钳工生涯，造就了这双手。

深海载人潜水器是海底的庞然大物，有十几万个零部件，要严丝合缝组装好谈何容易。其最大的难度就是确保密封性，精密度要求达到了“丝”级。

什么是“丝”？这是数控机床和钳工精密度中的数据单位，1毫米等于100丝。能把误差降到小于0.01毫米，这是何等的精细？又需要付出怎样的心血才能练成这手绝活？在中国载人潜水器的组装中，能实现这个精密度的只有钳工顾秋亮，人称为“顾两丝”。

说起“顾两丝”这个称号，还得从头谈起。1972年，高中毕业的顾秋亮，怀揣着年轻的梦想，来到了第702研究所，跟师傅学习钳工。他做学徒的时候，没少挨师傅的骂，还屡教不改。

其实师傅是恨铁不成钢，在师傅的眼里，顾秋亮聪明又灵巧，就像一块优质钢板，要制成高精度的零件，就得一下一下、一层一层地用锉刀锉磨。师傅时刻盯着他，为他的点滴进步而高兴，为他的偶尔懈怠而不停督促。这一番打造终于让这块“顽石”慢慢收了心，开始专心于技术，沉下心来用最扎实的办法练习基本功。

顾秋亮的“万里长征第一步”是练习“平面锉平”这个基本功，师傅要求他把一块 10 厘米大小的方铁，锉成一块 0.5 厘米，也就是 5 毫米厚的铁板。这是耐力与意志的较量，为此，他连锉了十五六块方铁，锉刀就用断了几十把。一遍遍地锉铁板，一遍遍地动脑筋琢磨，顾秋亮站得腿麻，锉得手酸，但他依然坚持再坚持，直到手上有感觉了，平面也自然锉平了。

渐渐的，顾秋亮手里的活儿有了灵性，做的工件全部免检，“顾两丝”的名号也渐渐被叫响了。

为“蛟龙”号装上明亮的“眼睛”

眼睛是心灵的窗户，是人体最为娇嫩、最为精密的器官。潜水器载人舱的观察窗就是“蛟龙”的眼睛。2004 年“蛟龙”号开始组装，顾秋亮被抽调到“蛟龙”号总装组，他和他师傅级的前辈们就一起参与到这个项目的工作中。凭着“两丝”的功力，顾秋亮被任命为装配组组长，成了这个团队的核心和灵魂人物。

“蛟龙”号观察窗安装的难度是球体跟玻璃的接触面必须控制在 0.2 丝以下，才能确保潜水器在深海里既不漏水，又能缓冲巨大的水压。1 丝，是 0.01 毫米；2 丝，也就是 0.02 毫米，这个装配精度用精密仪器来控制或许不算难，可难就难在载人舱观察窗的玻璃异常娇气，不能与任何金属仪器接触。因为一旦两者摩擦出一个小小的划痕，在深海几百个大气压的水压下，玻璃窗就可能漏水，甚至破碎，进而直接危及下潜人员的生命。因此，安装载人舱玻璃，是件非同小可的事。顾秋亮真的能做到吗？

顾秋亮用实际行动给出了响亮的答案。在整个试验和装配过程中，顾秋亮埋首于试验中，每天工作到凌晨，双休变成单休，假日也在加班。队友们也习惯天天看到他，因为有了他，团队就有了主心骨。他的手工打磨技术也日臻完美，精密仪器固然是安装的好帮手，但顾秋亮更多的是依靠自己的判断。顾秋亮成功了，“蛟龙”号的观察窗安装得天衣无缝。即便是在摇晃的大海上，经由他纯手工打磨维修的潜水器密封面平面度也能控制在两丝以内。

除了玻璃观察窗的安装难度大，载人潜水器上 7 个耐压罐的装配要求也很高，装配时不能太紧也不能太松，紧的话密封圈会被压死，松的话设备会漏水。顾秋亮绞尽脑汁，做了一个定量的厚度，仅有 2 毫米的松紧度，问题迎刃而解。

用平凡之躯铸就的大师级工匠

20 世纪 80 年代中期，顾秋亮锉到“丝”级别的这手绝活，震惊了国内机械圈。有人慕名而来，请他去工作，一开口就是 6 万元的安家费，再给出每月 500 元的高薪。这个工资相比当时的物价简直就是天价，因为那个时候，顾秋亮每月的工资还不到百元，但是顾秋亮直截了当地拒绝了，他离不开他的工作岗位。

他印象最深的是“蛟龙”号的第一次海上试验。对于极度晕船的他来说，出海就是对身体的极限挑战。但是他咬紧牙关，没说过一声苦。他说，他和“蛟龙”号有感情，每次海试都等于护送它成长，哪里有缺陷，他都能在海试中看清楚，这样，他就能凭着自己多年积淀的经验和精湛的技术来一点点改进。

3000米，5000米，7000米，下潜深度不断加深，“蛟龙”号的技术攻关也在不断升级。顾秋亮全身心都扑在海试上，完全没有时间照顾家里。7000米海上试验，船刚刚启航时，他接到妻子打来的电话，妻子哽咽着说她被查出疑似恶性肿瘤。他万分焦急，一边是相濡以沫的妻子，一边是亲如儿女的“蛟龙”号，哪头他都放心不下！他恨不得插上双翅，马上飞到妻子身边陪护。万一妻子的病……顾秋亮不敢再往下想。跟随海试队多年，从未因工作上的困难皱过眉头的顾秋亮犹豫了，这位皮肤黝黑的“老战士”眉头锁成了一团。

难道真的就这样从“蛟龙”号上下去吗？一路走来，顾秋亮精心呵护着它，伴随它成长，为它整理行装、包扎伤口、精心手术、穿上新装，看它踏上征程。他希望自己能够亲自护送它完成下水试验。事业与家庭的两难抉择对谁而言，都是一种煎熬。经过彻夜未眠的剧烈心理斗争，顾秋亮说服自己出征“前线”。就在这时候，组织上的宽慰和帮助终于让他坚定了决心。组织上派人去陪同他的妻子进行全面检查，让他心无旁骛地投入到海试工作中。后来，检查结果表明，妻子患的不是恶性肿瘤，顾秋亮和妻子抱头痛哭。那种劫后余生的感觉，让顾秋亮充满了欣喜。

顾秋亮义无反顾地投入到每年近100天的海试中。他不仅带领装配保障组完成了“蛟龙”号的日常维护保养工作，还和科技人员一道攻关，解决了海上试验中遇到的各种技术难题，如压载铁的安装、水下灯光的调整、布放回收接口的设置等，并将自己的技术和心得体会毫无保留地传授给技术人员，为海试的顺利进行和“蛟龙”号投入业务运行立下了汗马功劳。

2017年，“蛟龙”号在世界最深处的马里亚纳海沟的深渊区下潜作业，获取的玄武岩样品，对研究马里亚纳海沟的成因及其构造演化具有重要意义。同时，采集的生物样品对于促进深水生物多样性、生态系统、生物地理学等研究具有重要价值。这是多么了不起的成就！要知道，国际上能够进入深渊区作业的载人潜水器，只有日本的Shinkai6500载人潜水器和我国的7000米级“蛟龙”号载人潜水器啊！

虽然顾秋亮已经退休，但他仍选择继续接受新挑战。顾秋亮说：“在海上工作生活确实很苦很累，但我感到很兴奋、很自豪。不管晚上加班到半夜还是早上五点半起床保养潜水器，不管是日晒还是雨淋，我都感到很光荣。能为海试出一份力，我很骄傲，因为在祖国的深潜纪录中有我的汗水，光荣！”

虽然皱纹刻上了额头，虽然银丝爬满了两鬓，但顾秋亮仍坚守在科研生产第一线，为载人深潜事业不断书写我国深蓝乃至世界深蓝的奇迹默默奉献……

【阅读关键词】苦练、坚守、奉献

【成长启示】勤学苦练，永不懈怠，你将会把“不可能”变成“可能”。

我喜欢与机具打交道。它就像战士手中的钢枪一样，如果保养不到位，作战就会受到影响，就会打败仗。那就是我的失职，也是我的耻辱。

——信恒均

信恒均——钢轨工匠

“呜——”一列列火车载着人们到达目的地。铁路是目前世界上载客量最高的交通工具，拥有无法取代的地位。在我国10多万公里运营总里程的铁路上，每天奔驰着无数列车。而一条条蜘蛛网般四处延伸的铁路，在运营的过程中，都离不开各类铁路人员的恪尽职守，荆门桥工段信恒均就是其中的一位。他始终围绕铁路运输安全难题开展技术攻关，利用修旧利废、创新改造，节约养护成本费用108万元、5000多个工时，先后完成各类技术改造项目36项，累计为企业创效368万元。铁路系统的同行们在赞叹的同时，多次慕名来参观、学习，向他讨教经验。

没有经过专业训练，没有出国深造“镀金”，就是凭着对机具设备的热爱，喜欢钻研、不解决问题绝不放弃的精神，以及造福大家的信念，信恒均成了职工心目中的土专家、机修大师。

“铁三代”的坚守

高中毕业后，信恒均就进入了铁路系统。信恒均的家庭与“铁路”有着不解之缘。他的祖父是一名铁路后勤工人，父亲是一名铁路警察，三代人都奋斗在铁路一线，为铁路事业贡献着自己的力量。

信恒均的第一份工作是铁路的养护，这是铁路工务系统最基层的工作之一。从小就对铁路怀有深厚感情的信恒均对待工作非常认真，哪里线路要保养了、外观要整治了，哪里钢轨要更换了，他都没有丝毫马虎，并不因工作辛苦、收入不高而懈怠。

1995 年 6 月，信恒均正式成为一名机修工，开始接触机械设备。这份工作太脏太累，很多年轻人工作不到两个月，就挥挥衣袖走了。信恒均没有离开，他觉得自己好像跟机械有缘似的，就是喜欢，放不下。于是，他在这个又脏又累的岗位上坚守了 23 年，不但做得有声有色，更是把这份工作当成了毕生的追求。

20 多年来，信恒均一直与机具打交道。他的双手布满了老茧，细小的伤口一层叠一层，可他根本不在乎。有人问他：“你怎么不戴副手套呢？”信恒均说：“这是为了方便工作。”是的，一切都为工作让路。修机械时全凭手感，如果戴上手套，不方便，也不灵便。有时，操作空间很小，缝隙处的螺丝赤手拧都拧不下来，更别提戴上手套了。况且他的工作要想避开油污是不可能的，要是只顾爱惜自己的手而去戴手套，可能一天 20 双手套都不够换。信恒均手上的老茧成为保护他的最后一道防线，整天“赤手空拳”维修工具，跟机油、柴油打交道，油污都沁进了他的皮肤纹理和指甲缝里。下班后，信恒均得用鞋刷才能刷掉手上的油污。

凭借追求极致的精神和独具匠心的创造力，信恒均在岗位上练就了一套听、闻、校的检修本领。任何故障机具他只需听听、敲敲，就知道故障在哪里，而那双遍布油污的手也造就了一项项奇迹。

“爱琢磨”的成果

信恒均热爱他的机修工作，特别爱琢磨。爱琢磨是信恒均成功的“秘诀”。作为长年奋斗在铁路养护、机械维修第一线的工人，信恒均每一次的改进与创新都是为了更便于操作。

宜昌东线路车间承担宜万、汉宜、鸦宜线259公里的正线、108条股道、266组道岔的维修保养工作。工作任务重，技术含量又高，天窗作业时间有限，人员有限，这些都为作业增加了难度。对于信恒均来说，这是一个挑战，但他信心满满，因为在他看来，办法总比困难多。

天窗作业：这一段时间里，在铁路24小时不间断的运行图内不铺画列车运行线或减少列车运行次数，为铁路维修养护施工预留空闲时间。

石砟（zhǎ）：铁路道床的石块。

就拿路基换填施工来说吧，石砟换填一直沿袭传统方式，使用柳条筐搬运、倾倒。沉重的石砟筐不论是搬运还是倾倒都非常耗时间费力气，让工人们苦不堪言。信恒均发现了这一问题，就和同志们一起探讨“小车推倒砟”的思路，说着说着，信恒均脑中灵光一现，当即从工地回到修理间。5天之后，一台从未见过的卸砟专用车问世了。经过三次改进，这台卸砟车每次可装满相当于500筐的石砟。挖掘机装车4分钟、推送到卸砟地点4分钟、卸车4分钟，共12分钟就可以完成从前一个多小时的工作量，职工们称之为“卸砟神器”。

信恒均凭着追求极致的精神和独具匠心的创造力，在岗位上练就了一套听、闻、校的检修本领，任何故障机具他只需听听、敲敲，就知道故障在哪里，职工们亲切地称他为机修大师。

这只是信恒均的一次“牛刀小试”，但初次尝试就获得成功给了他无穷的信心。从此，他在发明的路上一发而不可收。

从前，道岔翼轨主要利用角磨机人工打磨，作业效率低，劳动强度大，只能打磨翼轨表面，不能打磨翼轨边缘及侧面，质量难以把控。若购进专用的翼轨打磨机，一台就需 12 万元。信恒均心想：怎样才能把翼轨表面以及边边角角都打磨好呢？他反复琢磨、反复尝试，通过改变砂轮片的构造、调整砂轮片的方向来打磨翼轨的表面、边缘及侧面。最终，他组装出的翼轨打磨机，使用效果与效率显著，而购置材料及加工的费用一台不到 5000 元，仅此一项，就节约成本 200 多万元。

宜昌东站减速顶高出轨面，机械化设备无法使用，只能靠手工养护，费时费力，效率很低。信恒均看在眼里急在心里，他一次次往现场跑，反复琢磨、试验、研究。最终通过使用一根不锈钢扎带，利用减速顶的弹簧装置在作业前进行捆扎，作业后解除捆扎，既可克服减速顶的干扰，也能成段推行其他机械作业，线路设备质量有了大幅提高，仅此一项每年就为企业节约 1000 多工时。

信恒均实实在在，不唱高调，他的发明不为名利，只是为了改进技术，节约工时，减少成本，像卸砟车、无砟轨道改道器、电子心轨降低值测量尺、打磨砂轮方向转换装置这样的创新成果还有很多很多。

机械的保姆

每天一大早，信恒均和两个同事就开始了他们的工作。在他们的维修工区放着近千个蓝色盒子，盒子里全部是机械配件或零件，架子上都贴着标签并印上了二维码，哪个零件是哪台机械用的，都写得清清楚楚，用的时候绝对不会“张冠李戴”。由于对每个零件、配件都了如指掌，信恒均被工友们称为“机械的保姆”。

常年与机具、钢材、汽油、油漆打交道，这些机械及物品的味道已经沾满信恒均的全身。他沧桑的手还饱受着手术后遗症的折磨：左手就做过四次手术，无名指中至今埋着钢片；右手中指骨折没有及时处理，导致现在无法伸直。长年累月的工作让他的双手变得如此“难看”，然而就是这样一双双“难看”的手保障着铁路的安全运行，为“中国速度”保驾护航。

每年国庆小长假刚过，信恒均所在的机段就开始秋季大修，为春运做准备。即使大修，每个区间的铁轨也只有210—240分钟的作业时间窗口，过了这段时间，铁轨必须放行，否则就会影响铁路通行，进而影响旅客出行。每天进出宜昌东站的列车多达188趟，如何在有限的时间里，尽快完成铁轨修复，这是信恒均需要考虑的问题。日久天长，信恒均练就了精湛的维修手艺，他判断准，维修速度也超过一般人。面对每天周而复始的繁重工作，信恒均从未退缩。他说：“每天看着一节节列车从我维护和铺设的铁轨上过去，心中特有成就感，也就不觉得累了。”

入行20多年，他埋头苦干，不断进行技术创新、改进、升级；他忘我奉献，利用自己的休息时间加班加点，为一线职工提升效率、减少成本而不懈努力。工作与生活融为一体，这让信恒均感到十分满足，在创新与创造的推动中不断前行。

【阅读关键词】坚守、创新、奉献

【成长启示】坚守在平凡的岗位，踏踏实实做好每一件事，你就会嗅到生活的芳香。

一辈子只干一件事，跟自己去比。

——孟剑锋

孟剑锋——錾刻人生的工艺美术师

在2014年亚太经济合作组织峰会上，作为国礼之一的《和美》纯银丝巾果盘一亮相，便使很多外国领导人惊艳。他们无法相信自己的双眼，那看起来轻薄飘逸的丝巾竟然不是丝绸的，而是用纯银精雕细琢錾刻的。《和美》的缔造者孟剑锋也就这样从幕后走到台前，走进了无数中国人和外国人的视野。

錾刻工艺，是在设计好器形和图案后，按照一定的工艺流程，以特制的工具和特定的技法，在金属板上加工出千变万化的浮雕状图案。

孟剑锋，北京工美集团的一名錾刻工艺师，从业20多年来，没有惊天动地的壮举，没有气吞山河的壮语，就是这样一个平凡的"工美"人，经过岁月的打磨，不离不弃地执着和坚守，一点一滴地积累和创作，最终拥有了"工美"匠人的技艺。在这充满浮躁、追求功利的社会，他埋下头，沉下心，在一个老旧的厂房里忙碌，熔炼、掐丝、整形、錾刻，每道工序都不含糊。

凭着对传统工艺美术事业的热爱，孟剑锋走向了人生的巅峰。他刻苦钻研技术，积极探索新的工艺制作方法，大胆改进创新，创作出大量贵金属工艺摆件，得到了同行的高度认可，为中国传统文化的传播和工艺美术事业的发展做出了贡献。

爱上錾刻，坚持到底

錾刻作为一项有着近3000年历史的传统工艺，其艺术魅力是独特而令人震撼的。入行20多年，被誉为“大国工匠”的孟剑锋深深觉得，走上錾刻之路，与他对錾刻这门传统工艺的热爱，是分不开的。

1993年，孟剑锋进入北京工美集团，跟着老师傅学艺。他先后学了好几种传统工艺，发现自己对錾刻最感兴趣。看到那泛着金属光芒的錾子，被师傅握在手中，灵活地削、凿、刻，各种精美的图案就出来了。孟剑锋满心羡慕，逐渐爱上了这门技艺。

孟剑锋一门心思地投入到錾刻技艺的学习中去。在拜师学艺的日子里，有个细节孟剑锋记忆犹新。有一天，他亲手打造了一个新作品，兴冲冲地去问师傅：“师傅，咋样？”师傅看了挺高兴，一竖大拇指：“行啊，你小子有长进，是个可造之才，继续坚持！”什么是坚持呢？师傅意味深长地说：“坚持不一定成功，坚持到底就是成功。”细细咀嚼师傅的话，孟剑锋若有所悟。他更用心投入到錾刻工艺的学习中，不敢有丝毫懈怠。

孟剑锋的錾刻技艺越来越高，青出于蓝而胜于蓝，师傅由衷地为他感到高兴。师傅临退休前，把自己用了几十年的工具送给了他，并对他说：“你錾刻很有天赋，可不要半途而废了呀！”这让孟剑锋倍受感动，师傅不仅传授他手艺，送给他工具，还教他为人处事的道理。在这个圈子里，技艺是传统的，秉持的信条也是传统的，比如踏实与坚持。

其后多年，师傅的话一直回荡在孟剑锋的耳畔，铭刻在他的心中。他深深地爱着这门传统工艺，把雕刻出好的作品当成是最大的快乐。比如，在师傅原有的工艺基础上做出一把新錾子；又比如，做出自己喜爱的作品，且为人所欣赏……这种种自豪感都是精神享受。

现在孟剑锋已经荣获“大国工匠”的盛誉，但他仍然坚持当初的梦想，不负师傅对他的期待——踏实、坚持、执着、精益求精，一辈子只干一件事。

勇于挑战，超越自我

錾刻技艺在成熟，孟剑锋在成长。纯银铸造在行业内一直是难解的工艺，孟剑锋一心要啃下这块“硬骨头”。他发现自己专业水平不足，就利用休息时间，翻阅大量关于铸造的书籍，学习铸造知识，并与技术人员反复研讨实施方案。一次又一次地尝试改变铸造的焙烧温度、化料温度以及倒料时的浇铸速度，一遍又一遍地收集、对比、推算、核对技术数据，孟剑锋终于找出了关键熔点，使纯银铸造成品率大幅提高。

錾刻技艺的提高，不是一蹴而就的事，需要日复一日的练习。为了能得心应手地使用雕刻机，孟剑锋付出了很多。很多时候，一个钢模从上午开始要连续雕刻到深夜才能停止，孟剑锋就一步不离地守候在雕刻机旁，捧着学习资料仔细对比机器的加工进程，弄清雕刻机的各项技术指标。孟剑锋不知在车间的雕刻机旁度过了多少个不眠之夜，终于练就了一身过硬的雕刻机操作技能。但他并没有就此止步，而是努力把技艺发挥到极致，他不允许自己的作品有一丝一毫的瑕疵。

活到老，学到老。为了涉足工艺美术更广阔的领域，孟剑锋时常利用休息时间到国家图书馆，一坐就是一天，从夏、商、周的青铜器，到元、明、清的瓷器，孜孜以求地吸收中国各个历史时期的工艺美术知识，然后消化、吸收并运用到他热爱的金属艺术中。因而他的作品包含各个门类的艺术精华，呈现出多姿多彩的形态特点。

孟剑锋亲手制作的模具数不胜数，例如2008年北京奥运会优秀志愿者奖章、“5·12”抗震英雄奖章、全国道德模范奖章、中国海军航母辽宁舰舰徽等作品。这些鲜活的作品背后，是数十年如一日的努力。

打造国礼，追求极致

在国际交往中，各国常常互赠礼品，以此作为和平与友谊的象征，这就是国礼。我国通常向他国赠送特有的物产，比如玉质国际象棋、苏绣双面绣等。数十年来，北京工美集团承担着国家级礼品的设计生产任务，出品了很多令世界惊艳的国礼。前面提到的取名为“和美”的纯银丝巾果盘国礼，更是一亮相便赚足了眼球，赢得了世界声誉。它所采用的工艺就是古老的錾刻技艺。

传统的錾刻作品大都在铜器上錾刻，很少在金银器上，而国礼《和美》，设计要求是一个超级精美的錾刻银器。更为繁难的是，作品纹理并不规则，要优雅中体现自然，匠心中流淌随性，同时呈现出丝巾自然柔美的垂落状态，仿佛主人随意放置一般，还要表现出它的自然褶皱。难上加难的是，在宽度只有0.1毫米的褶皱中也要錾刻上细微的花纹。白银的材料，竟然要体现出丝织品轻柔的质感、明暗的变化，这是一件多么艰巨的任务啊！

在錾刻作品出炉前，还有一件更为关键的事——用什么工具来打造国礼呢？孟剑锋眼前浮现出了各种各样的錾子，想到在没有辅助机械的古代，錾刻工匠就是凭着一把錾子，在金属器皿上随心所欲地錾刻出千变万化的浮雕图案，他的心中就热血沸腾。他决心打造一把最合适的錾子，于是，他整日研究古錾子，查阅资料。一次机缘巧合，孟剑锋看到了用于金属錾花工艺的古錾子，那种感觉如同习武之人得到了一把上古名剑。

尘封已久的古錾子在孟剑锋的手里渐渐有了温度，那些简单而古老的花纹使孟剑锋为之着迷，他努力想从錾子的花纹中，去触摸前辈的智慧。想定之后，孟剑锋开始在尖部直径只有一毫米的錾子上，一次又一次地开凿、磨平，再开凿，再磨平，试制一把新錾子。

8天后，孟剑锋终于造出了制作丝巾图案的最难的那把錾子。接下来实际面对的錾刻对象，是厚度只有0.6毫米的银片。他握着精心打造的錾子，细心地在薄薄的银片上錾刻，一道道细密的线条出来了，交错成为细致的纺织纹理。他连大气也不敢呼一口，生怕哪里会歪了，断了。他日夜琢磨着，雕刻着，吃饭不香，睡觉不熟，脑子里除了“国礼”还是“国礼”。

孟剑锋的国礼作品终于完成了，金色的盘子里面，一块洁白柔软的丝巾自然叠放。收到礼物的人都会伸手去拿那块足以以假乱真的丝巾，但是却没人能够抓得起来。外国友人们睁大眼睛，大叫：“真是太不可思议了！”

如今这份錾刻的国礼已经成了行业里的技艺传奇。

坚守传承，卓越创新

孟剑锋创新工作室的名气越来越响，中国古老的錾刻艺术蜚声国际。

美国纽约，一座高165厘米的和平尊安放在联合国总部。它以“中国红”为主色调，绘有景泰蓝纹饰。尊身展翅的七只和平鸽，代表联合国为世界和平奋斗的70年。

瑞士日内瓦，世卫组织，一个布满穴位的铜人吸引着来宾目光。这个被称为“青铜侠”的针灸铜人，是根据现存于中国国家博物馆的针灸铜人原型精准仿制的。

《繁花》手包套装，《四海升平》景泰蓝赏瓶……一件又一件巧夺天工的国礼，吸引了世人的目光。

在荣誉与鲜花面前，孟剑锋却很淡定。“上手錾刻我是内行，但若是要把我的创作思想与设计师的设计理念完美融合，创作出更优秀的作品，同时又把我的经验技艺传给工作室里的年轻人，电脑盲是不行的。”孟剑锋说。于是，他白天上班，下班后上课，晚饭后坐在电脑前，一学就到深夜。过去他只会单指打字，而现在，他已经能熟练地用 3D 立体图设计器物。

传统工艺经历了无数手艺人的传承，到了今天，科技创新为它插上了翅膀，两者相辅相成，既提高了速度，又保留了传统工艺的典雅韵味。传统工艺和现代科技的碰撞与融合，需要有更多敢为人先、勇于中流击水的“工美”匠人。工艺美术创作、工艺美术行业的发展，更离不开工匠的坚守传承与卓越创新。作为一名工艺美术高级技师，孟剑锋不忘初心，承担起传授技艺和培养后备技能人才的责任。他耐心辅导，手把手教授，像他的师傅一样，把自己的全部技术和心得都毫无保留地教给了徒弟们。在他的指导下，有多名年轻职工成为技术能手，并取得了专业资格证书。他还利用业余时间，编写工艺操作规程和岗位培训教材，他要让錾刻这一传统工艺继续散发出璀璨的光芒。

成绩属于过去，未来还在征程。孟剑锋一路走来，辛苦筑梦，幸福圆梦，在捧出那些传世作品的同时，也成就了自己的美丽人生。

【阅读关键词】坚持、传承、超越

【成长启示】做一件事不难，难的是长年累月做同一件事；做自己不难，难的是超越自我。

工作没有高低贵贱之分，一行有一行的魅力，一行有一行的值得。
——张冬伟

张冬伟——殷瓦焊将

把一张张薄如纸的殷瓦钢焊接得天衣无缝，这个工作在全世界能做好的人不多。可在中国，最有名的掌握这项技能的人并不是什么专业领域的高才生，而是从事这项工作仅仅 10 多年的沪东中华造船（集团）有限公司的张冬伟。

殷瓦钢：一种镍铁合金，一种用于船舶上的特殊材质。

与张冬伟始终无法分开的一个名词就是“LNG 船”（液化天然气运输船）。这种船是在零下 163 摄氏度低温下运输液化气的专用船舶，是一种“海上超级冷冻车”，现只有美国、中国、日本、韩国和欧洲少数几个国家的船厂能够建造。张冬伟，这位 1981 年出生的年轻技师，仅有大专学历，却在 LNG 船造船领域的焊接工作岗位上取得了骄人的成绩。他刻苦钻研船舶制造技术，成为建造当今世界最先进、建造难度最大的 45000 吨集装箱滚装船的骨干工人。

因为技术拔尖，他成为单位的技术骨干和肯学勤干的先进代表。在各类比赛中获奖无数、成为榜样人物的他，并没有浮躁骄傲，依旧在岗位上勤勤恳恳地工作。

干一行，爱一行

张冬伟小的时候，没有什么特别伟大的梦想，给自己定的目标，不是上重点高中、进名牌大学，而是拥有安稳的工作，和寻常人一样生活。初三毕业那年，他选择了当时沪东技校的电焊专业。在老师们的教导下，他逐渐发现烧电焊和绣花相似，都是简单和重复的动作，一段钢板烧完，也不觉得累，看一下自己的成果，像在欣赏艺术品。当然，学生时期的张冬伟焊接的产品并不漂亮，刚上手时很难掌握好焊接速度。速度过快，熔化温度不够，焊接处不够平滑；速度过慢，高温停留时间过长，容易把较薄的焊件烧穿。

但张冬伟不服输，他始终抱有这样一个信念：勤能补拙，既然选择了这一行，发现了焊接技术的美，多练习基本功就是了。他的倔脾气上来了，多看、多问、多练……别人在休息，他在练习；别人出去玩，他还在练习。功夫不负有心人，毕业时，他以优异的成绩进了沪东厂，他彻底爱上了焊接这一行。

所谓名师出高徒，张冬伟一进厂，就遇到了沪东中华最年轻的焊接高级技师秦毅。秦老师不仅是专家——技术一流，而且在带徒弟方面更是一把好手。张冬伟和其他毕业生一起，组成一个小组，由师傅秦毅带到船上去工作。工作后没多久，张冬伟便以出色的表现获得了参加集训的机会。集训时，他目睹了师傅单面焊双面成型的高超技艺。

单面焊双面成型技术：在焊缝正面焊接的同时，反面也有成型美观的焊缝。

“当时我就感觉到焊接中的学问不少，很多东西书本上根本没有看到过，我意识到自己要学的东西还太多，便下定决心，一定要努力向师傅学习。”张冬伟回忆说。事实上，在集训中，他作为一个新人，凭着“勤奋、认真、好学”的精神给秦毅和其他人留下了深刻的印象。日复一日地焊接，张冬伟没有后悔当初的选择，他逐渐从艰苦的岗位和枯燥的工作中找到了乐趣。

干一行，钻一行

第一次看到秦毅师傅展示单面焊双面成型的高超技艺，张冬伟就大开眼界。正是师傅露的这一手绝活儿，坚定了张冬伟潜心研究焊接技艺的决心。

机遇总是垂青有准备的人。年轻的张冬伟遇到了一个千载难逢的机会，他加入了 LNG 船舶建造项目。承接 LNG 船建造，对沪东中华造船厂来说是一个巨大的考验。国内没有可以参考的经验，外国人又不可能把技术告诉你，只能靠我们中国人自己摸索出来，这个难度可想而知。

要想造好这艘“国之重器”，首先必须攻克的就是“殷瓦焊接”技术。一艘 LNG 船，殷瓦焊接总长达 130 公里，虽然 90% 是自动焊，但是还有 13 公里特殊位置的焊缝需要焊工手工完成。如果焊缝上出现哪怕一个针眼大小的漏点，都有可能造成整船的天然气泄露，造成致命后果。

当时，张冬伟的师傅是 LNG 船焊接培训的总教练，也是中国获得 LNG 船殷瓦焊接 G 证证书的第一人。为了尽快掌握 LNG 船焊接技术，张冬伟跟在师傅身边仔细观察，学习他的每一个焊接手势，连最小的细节都不放过，一看就是几个小时。为了像师傅那样，练好加丝焊接的动作，他在焊接过程中反复练习，寻找添丝的手感，有时在家里吃饭的时候，也拿起筷子在空中比画，家里人都说他“走火入魔”了。凭借着不懈的努力

做焊工不容易，做一名好焊工更不容易。穿着厚重的工作服，整日和滚烫的钢板、烟尘打交道，尤其是在炎炎夏日，别人穿着短袖都嫌热，他们却要捂着厚厚的工作服“战高温”，其辛苦是不言而喻的。

和付出，张冬伟成功通过国际专利公司 GTT 的严格考核，成为全中国 16 名掌握这项焊接技术的工人之一。

干一行，精一行

10 多年来，张冬伟以坚定的信念和朴实的作风，为企业的发展默默耕耘，用实际行动践行着自己的青春誓言。他尽自己最大的努力提升技能水平，给青年工人起到榜样作用，并将自己的工作经验一点一滴、毫无保留地传授给青年工人。他对徒弟们既严格又热心，一方面希望他们更快更好地掌握技术，同时又担心他们遇到困难退缩不前。10 年间，经他自己带出的徒弟有 80 多人，他们成为单位的优秀人才，有的还拿到了最高等级的手工焊接证书，有的成为焊接领域里的能手和车间里的技术骨干。

只要有对职业的爱心和恒心，在平凡的岗位上，一样也可以迸发出极致的美。如今，张冬伟已成为沪东中华造船（集团）有限公司“秦毅劳模创新工作室”的一员，他将与师傅一起，继续投入到 LNG 系列产品的技术攻关当中，用汗水和智慧谱写出一篇属于“80 后”精英的华美乐章。正如《大国工匠》解说词中所讲的一样：奋斗的青春最美丽。

【阅读关键词】热爱、耕耘、极致

【成长启示】三百六十行，行行出状元。热爱自己的本职工作，默默地耕耘，在平凡的岗位上，一样可以迸发出极致的美。

工匠就是凭实力干活，实事求是，想方设法把手里的活干好，这是本分。

——宁允展

宁允展——高铁首席研磨师

CRH是“中国铁路高速列车”的英文简称。CRH380A型电力动车组，又叫“和谐号380”，最高运营时速380公里。它试跑京沪线经过宿州东站时，最高时速达到486.1公里。它通过了美国商标专利局的自主知识产权认证，是中国向全世界推销高铁的一张国际名片。

486.1公里的时速刷新了世界铁路运营试验最高速度纪录。这一举世瞩目成就的取得，离不开大批科研人员的合作与努力，同时，也让一个人走进了大家的视线。他是车辆钳工高级技师、高铁首席研磨师，是国内第一位从事高铁转向架“定位臂”研磨的工人。在他和他的团队手中研磨的转向架装上了673列高速动车组，列车奔驰9亿多公里，相当于绕地球2万多圈。他执着于创新研究，主持的多项课题和发明的多种工装，每年可为公司节约创效近300万元。

他就是中国中车股份有限公司钳工高级技师宁允展。

中国中车股份有限公司：简称“中国中车”，由中国南车股份有限公司与中国北车股份有限公司按照对等原则合并组建。

用绝活说话

宁允展小时候是个聪明调皮的孩子，喜欢手工。8 岁时，他制作的一艘木船让父亲发现了他的工匠天赋。后来宁允展去铁路技校学习，得到了父亲的大力支持。1991 年，19 岁的宁允展从铁路技校毕业，进入当时的四方机车车辆厂，从事车辆钳工工作。他苦练技术，立志要把工作做到极致。

四方机车车辆厂：南车四方机车股份有限公司的前身。

2004 年，他站到了人生的一个大舞台上。当时南车四方机车股份有限公司引进了时速 200 公里的高速动车组。产品进入试制阶段，工人们遇到了一个关于转向架上“定位臂”的难题。高速动车组列车时速超过 200 公里，不足 10 平方厘米的接触面，承受的冲击力达到二三十吨，定位臂必须与轮对节点“严丝合缝”，否则会影响到行车安全。按要求，必须保证 75% 以上的接触面间隙小于 0.05 毫米，这相当于“一根头发丝”的间距。这样小的接触面，只能靠纯手工研磨来实现。研磨精度小了，达不到要求；稍有不慎磨大了，十几万的构架就会报废。难度之大可以想象。宁允展主动请缨，挑战这项难度极高的研磨技术。接下了任务，他就跟着了魔似的，吃饭时，他的脑子里想的是定位臂；走路时，他嘴里念叨的还是定位臂。在短短一个星期内，他便掌握了外方熟练工人需用数月才能掌握的技术，他研磨出的定位臂，连外方专家都啧啧称奇。

定位臂：如果把高铁列车比作一位长跑运动员，转向架就是它的腿和脚，起着支撑车体、保证运行平稳和安全的作用；定位臂则是转向架上构架与车轮之间的接触部位，相当于人的脚踝。

转向架依靠进口的魔咒被攻破了，但是，当高速动车组大批量制造后，传统的研磨方法又跟不上生产的节奏。宁允展不甘心让中国高铁的发展受外方技术的束缚。将近半年，宁允展一头扎在实验室里，不断摸索，失败了就从头再来，记录下大量的数据。经过比较总结，终于，他发明出“风动砂轮纯手工研磨操作法”。宁允展的这项“绝活”，使研磨效率比原来提高了 1 倍多，精度也大为提高，很快应用到现场生产中，破解了生产瓶颈难题，有效保障了高铁转向架高质量、高产量的制造。

多年来，宁允展就像一名画家，用他魔术师般神奇的手，以钢铁为画板，以打磨机为画笔，在细如发丝的空间里施工作画。而他对自己的作品，有着严苛的要求。工艺标准上 75% 的贴合率，宁允展总会研磨到 90% 以上。他研磨的定位臂，创造了连续 10 多年无次品的纪录。

为创新代言

宁允展是一名钳工，但他又先后自学了焊工、电工操作技能，是高速列车转向架生产中名副其实的“多面手”。他将多门技术融会贯通，努力寻求更好的方式，让自己的工作更完美。

转向架检修加工部位容易损伤，由于精度要求高，修复起来非常困难，而一个加工件动辄上万元。这是一个突出的难题，行业内根本没有先例可以参照。宁允展并不灰心，他将自己的研磨技术和焊接手法巧妙结合，独立发明了一套“精加工表面缺陷焊修”方法，将机器表面的缺陷进行修复，精度最高可达到 0.01 毫米，加工部位变得平整光洁。这一操作法被中国南车认定为集团级别的“绝招绝技”而得到广泛推广。不仅如此，他还利用空闲时间研究出“折断丝攻、螺栓的堆焊取出”操作法，将所有螺纹孔产品的检修问题一网打尽。

宁允展立足本职岗位，在工作中总结，在实践中改革，在探索中创新。

多年来他发明制作了多套工装工具，多项技术革新获得公司表彰，其中两项获得国家专利。这些发明对一线生产有着极大的作用，是工人们的好帮手。正因为这些实实在在的贡献，宁允展多次受到表彰。

创新发明的背后，是无数个日夜的攻坚克难，是无数个节假日的埋头研究，是浸透了汗水的琢磨与思考。凭借这种创新创造、探索不止的劲头，宁允展成为企业“万众创新”当之无愧的先锋代言人。

让奉献闪光

宁允展所有的时间都无怨无悔地献给了自己热爱的事业，唯独忘记了自己以及亲人。

他在家里有一处秘密基地——他的专设“小车间”，30 多平方米的小院子里，家用机床、电焊机、打磨机……各式各样的工具到处都是。每天吃完晚饭，宁允展就去“小车间”里。家人都知道，这个时候，任何人也别想把他拉出来，他非得干完活自己走出来才行。宁允展的妻子于文燕一度对丈夫的“工作狂”状态颇有微词：“我经常说他上班 8 个小时对着机器还不够，回家还要捣鼓，经常干到晚上八九点。劝他休息休息，可他总说不累。”

“像我们这种干技术活的就得多练，基本功一定要扎实才行。”宁允展总会给出这样的解释。他沉浸在技术的创新改造中，乐此不疲。

2010 年，是 380A 型电力动车准备冲高速的关键时刻，也就在那时，宁允展身患白血病 7 年的父亲第三次入院了。他意识到和父亲在一起的时间不多了，可是他仍然不能天天陪在父亲身边。得到父亲去世的消息，是在下班的路上。“子欲养而亲不待”是多么遗憾和痛苦的事情啊！泪水模糊了他的视线，他知道，父亲临终前一定还在等着他回家。可是，高铁研磨的工作等不得啊！

他把悲伤藏在心里，把对父亲的歉疚化作工作的动力，潜心研究工艺改进和工装发明，将多数时间和精力放在了怎样实实在在地解决问题上，做起了生产线上的“疑难杂症”处理专家。

宁允展是研磨师的杰出代表，他不仅自己要求进步，还一心想把自己的所学所获最大化地奉献给企业。他将自己多年总结出来的工作经验整理出来，供大家学习；把摸索出来的技能传授给年轻的同志。在操作培训中，宁允展不停地叮嘱徒弟：“眼要盯紧，手要稳住，注意力要高度集中，定位臂研磨工作要一气呵成，中间不能停。”除此之外，宁允展还格外强调安全操作，护目镜、耳塞都要求戴好，防止徒弟受到伤害。他对徒弟们宽严并济，毫不藏私。徒弟们犯了错，他立即指出来，毫不留情。他说：“高铁安全是旅客的生命线，来不得半点马虎。”就这样，宁允展带出了一支生产线上的骨干队伍。

宁允展说，身为第一代“高铁工匠”，他的梦想就是让自己研磨的高速列车走出国门，驰骋世界！

【阅读关键词】忘我、奉献、爱国

【成长启示】忘我地工作，无私地奉献，这是普通人的中国梦。正是无数普通人，铸成一条复兴路。

大国工匠，匠心筑梦，凭的是精益求精的工匠精神，追求的是民族认可的自豪感。

——高凤林

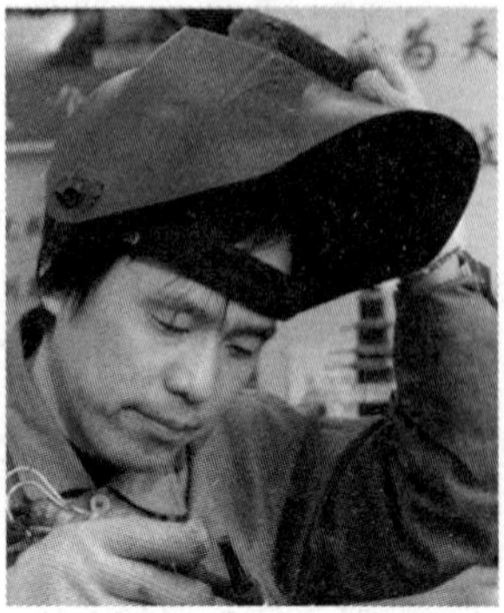

高凤林——火箭“心脏”焊接人

焊接本非难事，难的是在火箭的管壁上进行焊接；在管壁上进行焊接也不是难以做到的，难的是三十年如一日，坚守在焊工岗位上，在火箭发动机厚度、薄度均在毫厘之间的管壁上，一次次攻克技术难关，进行完美焊接。他，就是国家高级技师，中国航天科技集团公司第一研究院211厂特种熔融焊接工——高凤林，被称为焊接火箭“心脏”的人。

高凤林的词典里唯有“焊接”二字，他将焊接的技艺锤炼得炉火纯青，将一支焊枪使得出神入化，将焊接的技术含量一再拉伸、延展，在航天产品发动机型号的重大攻关项目中攻克200多项难关。他还积极贡献自己的才智，在钛合金自行车、大型真空炉、超薄大型波纹管等多个领域取得重大突破，为国民经济创造了不可估量的价值。

多年来，他先后获得中央国家机关十大杰出青年、全国十大能工巧匠、中国高技能人才十大楷模等称号。

矢志报国，练就火箭发动机焊接神技

成绩优异的高凤林因为家境原因，没有上高中，而是进入技校学习。毕业后，他进入中国航天科技集团，来到了人才济济的火箭发动机焊接车间氩弧焊组，跟随我国第一代氩弧焊工学习技艺。望着这群意气风发的年轻人，师傅给他们讲中国航天艰难的创业史，讲航天产品成败的深远影响，还有党和国家领导人对航天事业的关怀和期望。高凤林听了之后热血沸腾，内心涌动起一股强烈的愿望：“我要成为一名像师傅那样对航天事业有用的人，要为祖国的航天事业添砖加瓦。”

远大的理想是通往成功的基石。有了理想，还要练就实现理想的本领。为了练好基本功，高凤林一刻也不肯休息，吃饭时拿筷子比画着焊接送丝的动作，喝水时端着盛满水的缸子练稳定性，休息时举着铁块练耐力，还曾顶着高温观察铁水的流动规律。功夫不负有心人，高凤林的焊接技术日渐纯熟，他年轻的脸庞上满含着成功的信心。

他和同事们一起攻克了烧穿和焊漏两大难关，把第一台大喷管成功送上了试车台，使我国火箭的运载能力得到大幅提升；他又解决了某型号引射筒的焊接难题，保证了近一亿元产值的产品按期交付；国家某潜基重点型号临近发射的关键时刻，艇上发射系统出现故障，高凤林又连夜奔赴“战场”，排除了故障，保证了该型号产品如期发射。一时间，高凤林成为远近闻名的能工巧匠，成了焊接车间的明星工人。

一些单位遇到了技术难题，也来登门求助。一次，我国从俄罗斯引进的一种中远程客机发动机出现了裂纹，很多权威专家都束手无策，俄罗斯派来的专家更是断言，只有把发动机拆下来，运回俄罗斯去修，或者请俄罗斯的

在他的手中，焊枪是针，弧光是线，他追寻着焊光，在火箭发动机的“金缕玉衣”上焊出了一片天。

专家来中国，才能焊接好。高凤林被请到了机场。看着这个黑黑瘦瘦的年轻人，俄罗斯专家仍然持怀疑态度。事实狠狠地教训了俄方专家，不到 10 分钟的工夫，高凤林就焊接好了。俄方专家不敢相信，瞪大双眼，反反复复检查了好几遍，才心服口服地对高凤林竖起了大拇指。高凤林展示了中国高技能人才的技艺，展现了中国人的志气，为祖国赢得了荣誉。

勇于创新，自我突破成为专家工人

高凤林屡屡攻克焊接难关，被人们称为“金手天焊”。他的手仿佛拥有神奇的魔力，能够化繁为简，化难为易，变不可能为可能。他甚至实现了跨专业的突破。某型号发动机阀座组件生产合格率不达标，要求半年时间内达到合格的标准。任务交给了高凤林，这又是一个棘手的问题：该产品采用的是软钎焊加工，而高凤林的专业是熔焊，这该如何下手呢？高凤林决定从理论层面认清机理，在技术层面把握关键。他一下班就跑去图书馆，一有空就浏览专业技术网站，千方百计搜寻国内外相关资料。每天，高凤林带领组员在 20 多平方米的操作间进行试验，两个月里试验了上百次，搜集整理了一大堆数据，厘清了两种材料的成因机理，并有针对性地从环境、温度、操作控制等方面反复改进工艺，最终使该产品的合格率达到 90%。而此时，距离他接受任务还不到三个月。

不断取得的成功没有让高凤林飘飘然，他反而意识到知识的可贵，认为操作工人不能囿于一方天地，应该多学习专业知识，融会贯通，才能更好地指导实际操作作业。于是，离开学校 8 年的高凤林再次走进校园，重拾课本，开始了长达 4 年的艰苦的业余学习。为了让知识面更广一些，他选择了机械工艺设计与制造专业。快毕业的时候，高凤林报名参加了一个航天系统大型技术比赛。怎么安排时间？白天穿梭于工作现场、训练场、课堂；晚上抱着两摞厚厚的书籍继续学习。他通宵达旦地学习，眼睛熬红了，头发也一把把地往下掉，他没有放弃："我还年轻，扛得住！"功夫不负有心人，高凤林先是在技术比赛中取得了实操第一、理论第二的好成绩，不久又拿到了盼望多年的大学专科文凭。之后他又完成了从本科到研究生的学习。一个技校毕业生成长为一名研究生，这是一个多么大的跨越！

2006 年，著名科学家、诺贝尔物理学奖获得者丁肇中教授领导的反物质探测器项目，因为低温超导磁铁的制造难题陷入了困境。先后两批技术专家提出的方案都没能通过美国宇航局主导的国际联盟的评审。一筹莫展时，丁教授找到了中国航天科技集团公司第一研究院，请高凤林出手相助。高凤林到现场进行了基础性调研考证，并听取了之前两个方案的详细分析。他凭借丰富的实践经验和深厚的理论基础，陈述了自己的设计方案，最终方案获得美国宇航局和国际联盟的认可。

甘于奉献，埋头实干见证平凡伟大

航天产品不同于一般的产品，它有自己的特殊性和风险性，这使得许多问题的解决都要在十分艰苦和危险的条件下进行。高凤林始终无悔于他的选择，战斗在焊接第一线，在祖国最需要的时刻迎难而上，在平凡的岗位上，做出了不平凡的成绩。

高凤林的"金手"也曾受到伤害。那时，国家正在建造亚洲最大的火箭振动试验塔，其中振动大梁的焊接是关键，属于一级焊缝，焊缝强度高，焊接难度很大。高凤林经过多方考量，决定采用多层快速连续堆焊，使金属在熔融状态下尽可能减少停留时间，又不因冷却过快造成金属组织结构变坏，而这就需要在高温下连续不断地操作。焊件表面温度达几百度，常人根本不能适应，高凤林没有退缩，即使双手被烤得发干、发焦、发糊，鼓起了一串串的水泡，他仍然咬牙坚持，最终焊出了合格的振动大梁。大家看着他受伤的双手，眼里都噙满了泪花。他这哪里是在工作，他是在拼命啊！

在研制生产长征五号运载火箭时，发动机在发射台试验过程中突然内壁泄漏。在万分紧急的情况下，高凤林带领相关人员奔赴试车台。站在试车台上面对产品，身后就是几十米的山涧，让人心有余悸。高凤林临危不惧，冷静从容地做好相关准备工作。因为特殊的环境，故障点根本无法观测到，操作空间又非常狭小，高凤林就在只能勉强塞进一只手臂的情况下，运用高超技巧和特殊工艺艰难施焊，完成了这次抢险。待抢修完毕，汗水已经湿透了他的衣裳。

不是不累，不是不苦，可高凤林从没想过离开焊接这个岗位。他对航天事业的热忱和忠诚，在炽热的弧光照耀下越发闪亮。外资企业曾以高薪和解决住房等条件聘请他，他不为所动；许多次可以升迁的机会，高凤林也都放弃了。他始终认为，他的根在焊接岗位上，他的青春属于祖国的航天事业。

乐于育人，传道授业铺就桃李花香

一花独放不是春，百花齐放春满园。高凤林成了技能大师、“金手天焊”，但他深知航天技术人才难得，决心要培养出更多优秀的航天高技能人才。

他毫无保留地把自己积累的丰富经验传授给年轻人，指导徒弟们掌握焊接的工艺控制过程，以达到最佳的焊接效果。针对徒弟们在操作中遇到的问题，他找准病因，对症下药，一步步地分解动作，手把手地耐心指导，帮助徒弟们快速成长。

在带徒弟的过程中，高凤林不断总结，摸索出一套人才培养和管理的方法，在实践中得到广泛认同和应用。2005 年，高凤林所在的班组被中国国防邮电工会和中国航天科技集团公司联合命名为“高凤林班组”。崇高荣誉的背后，是高凤林洒下的无数汗水和付出的艰辛努力。今天，他所在的班组，19 名组员中有 5 名全国技术能手、1 名中央企业技术能手和 1 名航天技术能手。班组相继荣获全国工人先锋号、全国学习型优秀班组等多项荣誉称号。2011 年，“高凤林国家级技能大师工作室”正式挂牌成立，这是国家人力资源和社会保障部首批命名的 50 个技能大师工作室之一，是实至名归的人才育成基地。

在火箭发动机系统焊接第一线，高凤林一干就是 30 多年，他从技校学生成为一名研究生，从普通工人成为全国有名的“金手天焊”，他付出的心血是旁人无法想象的。是勇于创新、艰苦奋斗、甘于奉献的精神，让他成为新时代高技能人才的楷模，成为无数中国人学习的典范。在璀璨的焊光中，映出了他坚毅的脸庞，也映出了他闪亮的人生。

【阅读关键词】爱岗、敬业、创新、奉献

【成长启示】爱岗敬业，铸就事业丰碑。勇于创新，实现人生价值。无私奉献，谱写辉煌篇章。

我不怕吃苦不怕累，我认准的事，我需要把它完完好好地干好，必须把它圆满地干好，不管出现什么问题，我会走到底。

——管延安

管延安——深海钳工

“飞架港粤澳，共赢大发展。”这句话表达了人们对港珠澳大桥的热切期盼。港珠澳大桥连接香港、珠海和澳门，是迄今为止世界上最长、施工难度最大的跨海大桥，是举世瞩目的大工程。工程中最大的挑战就是在茫茫大海中修建一条长 5.6 公里的海底隧道，其长度、规模、施工工艺都是我国首次尝试。这对工程施工人员而言，是一个极大的挑战。

管延安，一名钳工，负责沉管舾装和管内压载水系统安装等相关作业。他技艺精湛，经他手安装的沉管设备，已顺利完成 18 次海底隧道对接任务。他为港珠澳大桥岛隧工程建设立下汗马功劳，荣获“劳务之星”和“明星员工”称号，被誉为中国“深海钳工”第一人。

沉管舾装：用钢筋混凝土做成空心管子，应用于水底建筑隧道，一节一节沉管连接成沉管隧道。

成功有诀窍

管延安初中毕业后，就开始跟着师傅学习钳工，他不嫌枯燥，不怕吃苦，“干一行，爱一行，钻一行”是他对自己的要求。有空的时候就看书学习，弥补自己专业知识的不足。经过多年努力，他不但精通錾、削、钻、铰、攻、套、铆、磨、矫正、弯形等十八般钳工工艺，而且对电器安装调试、设备维修也得心应手。

2013 年初，管延安来到珠海牛头岛，成为岛隧工程建设大军的一员。他承担的是沉管舾装作业，这对安装精度的要求极高，接缝处间隙误差不得超过正负 1 毫米，这个常人无法企及的严苛标准，管延安做到了，他甚至做到了丝毫不差——零缝隙。究其原因，熟能生巧就是诀窍之一。

管延安事事追求极致，处处谨慎小心，快速准确地完成了一件件看似微不足道却又举足轻重的工作。隧道 E15 沉管的安装可谓一波三折：第一次遭遇“突淤”（突发的强烈泥沙回淤）。第二次遭遇边坡滑塌。第三次浮运安装期间，管内压载水系统突发故障，水箱不能进水，沉管下不去，作业只能暂停，必须立刻安排人员进入半浮在海中的沉管内维修。此时浮在水上的沉管犹如一个巨大的混凝土箱子，除了一个直径一米多的人孔，没有其他的换气通道，管内湿度大，又极其闷热。人进入里面，不要说作业，就是站立一会儿，就会大汗淋漓，身上好像裹了一层膜，非常难受。

危急时刻，管延安毫不迟疑，带领班组人员快速开启人孔盖板进入管子内。昏暗的沉管里，绑在安全帽上的头灯发出白色的光柱，稳稳地投射在绿色的阀碟上，他的目光无比坚定，他的动作格外沉稳。从打开密封的人孔盖板进入管内检修、排除故障，到完成人孔盖板密封，全程不超过 3 个小时，效率之高令人惊讶。大家都对他的神速赞不绝口，他却谦虚地说：“这得益于之前无数次的演练，我们在每节沉管沉放前都要至少做 3 次演练。这是第 15 节沉管，在此之前至少完成了 45 次演练。”

“反复检查”是管延安成功的诀窍之二。他常常叮嘱年轻同事“再检查一遍”，强调最多的就是“反复检查”。同班组小张说：“管师傅上个普通螺丝都要检查三遍。”当然，这个好习惯的养成也是有故事的。

1996年初，管延安跟师傅学习电机维修。一次发电机常见故障维修后，他“胸有成竹”，没有进行检查，结果发电机刚装上就又烧坏了。师傅没有责怪他，可他却很羞愧。他想：我如果认真检查一遍，就可以避免这次事故了。自此，维修后的机器在送走前，他都至少检查三遍——这已经成为烙在头脑里的习惯。

管延安还有一个制胜法宝，就是记录修理日志。他习惯给每台修过的机器、每个修过的零件做笔记，将每个细节详细记录在个人的修理日志中，遇到什么情况、怎么样处理都“记录在案”。从入行到现在，他已记了厚厚四大本，闲暇时他会拿出来温故知新。笔记本里，除了文字，还有他自创的“图解”。如今，他的徒弟也继承了这个习惯。

专注出成果

管延安是一个十分较真的人。每次沉管浮运安装前，岛隧工程项目部都会组织全面精细的风险排查，管延安从不放过任何一个问题，哪怕这个问题极其微小。一次，在对已安装完成的水下线缆固定卡环例行检查中，他发现线缆没有包胶皮。这在水下作业规范中不做要求，何况包胶皮要大大延长作业时间。但管延安没有放松要求，他立即将班组作业人员叫到现场，对他们说：“包胶皮是对线缆的一种保护，能有效降低线缆的磨损，马虎不得。”他和工人们一起，将水底缆线上的8个卡环一一拆开，包好胶皮，再重新安装。就是这样一个最简单的细节，管延安用自己的行动教给了年轻人专注认真的道理。

首节沉管安装后不久，林鸣总经理来到航修队维修基地，看见工人师傅们正在专心清理蝶阀里面的法兰盘，就指着两排摆放得整整齐齐的蝶阀问管延安：“这些盘怎么分成两排摆放？”管延安说：“前面的这些都是保养过的；后面的那些经检查有一些隐患，已经被淘汰。”

林鸣一下发现了风险：蝶阀要重复使用，经过保养的和不能使用的看不出明显区别。“在紧急情况下会不会有不熟悉情况的工人混拿、混用？”林鸣提出的问题让管延安猛然意识到，现场设备管理还存在漏洞。从那以后，他建立起一套完善的设备管理机制，每一件设备都进行编号管理，每一个蝶阀都标明使用次数，并将林鸣“一丝不苟，不让隐患出坞门”的要求制成标语，醒目地立在航修队基地。这个标语就是一块警示牌，既竖在基地上，也立在管延安的心中。

专注，做什么事情都静得下心来，这是同事们对管延安的一致评价。电动蝶阀在沉管中起压载水系统的作用，每次沉管安装完成后，还要拆回来，经过维修、检测后方能重复使用。法兰盘是蝶阀的关键部件，每次维修，管延安都亲自动手研磨。他边磨边向徒弟讲解要领：“最关键的是研磨这个阀口，上下两个阀口，一个动面一个静面，都要研磨得严丝合缝才能不漏不渗，绝对不能有误差，必须是零卡零的。”10 分钟，20 分钟，半个小时过去了，他仍然不急不缓一圈一圈地研磨着，直到原本锈迹斑斑的法兰盘变得平滑锃亮。 徒弟们看着师傅，心中满是敬佩。没有日复一日的实践练习，哪能造就“大国工匠”的传奇？

厚积而薄发

为确保工程 120 年的使用寿命，沉管舾装工程严格采用世界最高标准。

有匠心，就一定能实现心中梦想；
有匠心，就一定能把“中国品质”锻造；
有匠心，“中国制造”就一定能飞得更高……

这对管延安而言，是一个严峻的挑战，他从零开始，虚心学习，积累经验，誓要把困难战胜，把工程拿下。

刚刚来到岛隧工地，管延安就立即与航修队的同事们投入到第一节沉管的二次舾装作业中。压载水系统、通信系统、监控系统……这是一个浩大的工程，100 多条主线，1000 多条支线，错综复杂。这些管线就像人的神经系统一样，每一个接点都必须连接到位，每一条线路都必须保证通畅，稍有不慎，沉管就不能完成精确对接，就会给工程带来难以估量的损失。

管延安非常清楚沉管二次舾装的重要性。3 个多月的时间里，管延安和同事们日夜奋战，布设管线、安装设备、整合系统，一遍又一遍地调试。2013 年 5 月 7 日，港珠澳大桥海底隧道首节沉管顺利安装成功，管延安和航修队的同事们交了一份漂亮的答卷。

港珠澳大桥岛隧项目是国内第一例、世界第二例先铺法施工的外海沉管隧道工程，工艺新、质量高、科技先进。管延安在工作中，接触和学习了许多新知识。他仿佛一块海绵，如痴如醉地沉浸在知识的海洋里。为“抢”学习的最佳位置，每天“课程”开始前，他总是第一个到达，不断地学习着，成长着。他凭着高超的技艺和精益求精的匠心，成为中国“深海钳工”第一人。

未来，他将以更加饱满的热情和更加严格的标准，投身祖国的建设事业，用全心全意的劳动，打造一项又一项世界精品工程。

【阅读关键词】执着、专注、积累

【成长启示】会成为什么样的人，全看执着做什么样的事。专注地做好一件事，你就会成为这个领域里的行家里手。

每架钢琴都有自己的生命，我的职责是识别琴音的色彩，挖掘钢琴的潜力，为钢琴注入灵魂。

——吴宝卿

吴宝卿——首席整音技师

2014年的最后一天，一曲纵情激昂的《帕格尼尼主题狂想曲》响彻人民大会堂的万人礼堂，也为整场新年音乐会画上了一个完美的句号。

在黑白琴键跳动在人民大会堂的时候，在台下掌声如潮的时候，身在湖北宜昌的吴宝卿刚刚完成了一天的工作。她还不知道由她调音的那架钢琴已经在人民大会堂上“轰动”了，她想的是如何调整下一架钢琴。作为整音师，她要把即将出厂的钢琴音色调整到最佳状态，这是钢琴制作的最后一道工序，也是最重要的一道工序。

从早到晚，她的手里摸的是钢琴，心里想的是钢琴，晚上躺在床上，心心念念的还是那一架架钢琴。正是凭着这样一股韧劲，在钢琴制造行业十几年如一日，吴宝卿从完全没见过钢琴的农村辍学女，一步步成长为宜昌金宝乐器公司首席整音技师、钢琴的音质处理与触感调整领域的旗帜性人物。由她调音的民族品牌“长江”钢琴，走进了人民大会堂，奏出了“中国制造”最动人的旋律。

遇见钢琴

吴宝卿是福建泉州人。1998年，由于家庭条件的限制，初中毕业的她选择到广州一家钢琴厂打工。她没有想到的是，本来是迫于生计压力的一份工作，她一做就是近20年；更没有想到的是，钢琴成就了她的瑰丽人生。

在工厂里，她第一次见到闪亮的钢琴时，就爱上了这个大家伙。熠熠闪光的外漆面、黑白的琴键，培训老师修长的双手在钢琴上跳跃，啊，多么完美的声音，简直是仙乐一般。对韵律的敏感让她对自己的这份工作充满了期待。但是，当工作真正开始的时候，她很快感到了现实与理想的差距。

吴宝卿虽然也接触钢琴，可并非弹奏浪漫的钢琴曲，而是做止音器的安装工作，每天都是简单的机械式的重复。培训的师傅跟她们没有什么交流，也不关心她们的学习进度，只是自顾自地调音。刚接触钢琴装配的吴宝卿等人，一下子就陷入了困境。

止音器：用软而厚的呢子把震动的琴弦压住，制止琴弦发音。

但天生有股犟劲的吴宝卿不肯认输，哪怕是干杂活，也要干出点成绩来。怀着这个念头，每次在培训师傅装配的时候，她都会悄悄“挪”到旁边看，眼睛一眨不眨，生怕错过了师傅的一个动作。不仅如此，每次等师傅安装完了，她就拿着标尺去量。量了还不算，她还把数据一一记录下来，并加以比对，在脑中反复思考、琢磨。这样“偷师”的效果是明显的，日积月累之下，她不再感到迷茫了，整个人有了一股豁然贯通的感觉。

吴宝卿的技艺日渐成熟。一次，厂长到车间巡视钢琴成品，意外地发现有一架刚制成的钢琴在音色、强度上比以往的钢琴更上一层楼。厂长以为是培训师傅的技艺又提高了，却没想到那架钢琴是吴宝卿——一个刚来没多久的小工人装配的，厂长当时就对吴宝卿刮目相看。生活不会辜负每一个努力的人，钢琴也会“说话”，它用自己的好音色证明：努力终究不会被忽视。

源自坚持

吴宝卿尝到了努力的甜头，她没有止步，从止音器的安装，到键盘机械的调整，她什么杂活都能干得很精巧。因为工作出色，两年后，她被调到宜昌分公司，担任整音师。

整音是钢琴生产数千道工序的最后一道。通过针扎、打磨弦槌，调出不同的音色。如果把整个钢琴制造过程比作一座金字塔，整音就是“塔尖”。吴宝卿迎来了新的挑战，没有师傅教，没有教科书，全凭自己摸索。

吴宝卿还是不肯认输，她知道要做好整音工作，首先要懂音律，于是就利用业余时间苦学钢琴弹奏。初学时，吴宝卿根本不识曲谱，渐渐地，她认识了不同音符，掌握节奏，学会视唱。到后来，她弹起钢琴来，从一根手指弹奏到单手弹奏再到和弦演奏，吴宝卿的学习速度惊人，很快她就能弹奏出一首完整的曲子。她至今还记得，学会的第一首曲子是《鲁冰花》，当能完整弹奏这首曲子时，她高兴了好几天。就在这日复一日的练习中，她对音感音准的把握和领悟能力不断提升。她真的爱上了整音这个工作。

从此，在地处僻静的钢琴整音工作室里，吴宝卿掀开了她人生新的一页。每天，她安静地坐在钢琴面前，手握钢针，用针刺弦槌，给尚未出厂的钢琴整音，神情是那样娴雅、从容。“叮……当……咚……”，流水一样的日

在钢琴制造行业十几年如一日，吴宝卿练就了一身娴熟的技艺，成为公司整音工序的核心技术人员，成为钢琴的音质处理与触感调整领域的旗帜性人物。

子似乎有了绵长的韵味。

吴宝卿心中时刻装着钢琴。在整音过程中出了什么毛病，吴宝卿不会纠结在整音这一道工序上，而是会从整个钢琴的内装、键盘、击弦机等各方面全面考虑，直至最后找出问题的所在。吴宝卿的努力收获了累累硕果，她终于从一个装配钢琴的工人成了有名的整音师。

整音师不好当，除了天赋，还要有毅力，对体力的要求也高。整音过程中，吴宝卿曾累伤胳膊，还得了肌腱炎，但是她丝毫没有放在心上。整音工作也是枯燥的，每个音符的回响与每次琴键的跳动背后都倾注着整音师无数次的调试心血。为了让声音更准确、音色更好，往往每一个琴键，整音师都要反复敲击无数次。日复一日，无数次地敲击试听，再美妙的工作也失去了新鲜感，但是，吴宝卿用坚持谱写了一次完美蜕变的动人旋律。十几年如一日，吴宝卿一直重复着“针刺弦槌”这个动作。她说：“这已不仅仅是份工作，更是我实现人生价值的舞台。”吴宝卿用实际行动践行了自己的诺言。

厚积薄发

钢琴在变化，吴宝卿的整音技艺也渐入佳境。

2005 年，宜昌金宝乐器公司成立卧式钢琴生产线。吴宝卿凭借娴熟过人的技艺被任命为该线的首位中方整音师。当时，公司还高薪聘请了德国、澳大利亚、日本的专家给员工培训，这对吴宝卿而言，也是个学习的好机会。专家们每次来，吴宝卿都挤出时间，到现场仔细观摩，之后自己反复揣摩、测试。为了提高整音技术，她还向公司提出申请，将一台钢琴搬到家中，以便及时调试。

2009 年，公司开始研发舞台演奏专用的九尺钢琴。这次，吴宝卿和德国整音专家站在了同一个舞台上，他们两人同台竞技，水平高下立现：吴宝卿调出的钢琴音质更佳。吴宝卿逐渐取代外国专家，成为公司高端琴生产线的首席整音技师。

从 2009 年研发至今，公司总共生产了 63 台长江九尺钢琴。吴宝卿细心地给每架钢琴都做了一份“档案”，将每台钢琴的状态、音色的处理方法、最终音色效果都记录在册，力求把每台钢琴的声音调到极致，也为她以后的整音处理提供有力的保障。一些特殊场合用的琴，多由吴宝卿做音色整理，像中央电视台用琴、人民大会堂用琴、深圳国际协奏曲比赛用琴、历届宜昌长江钢琴音乐节用琴等，全部出自吴宝卿之手。还有一些演奏大师的专场音乐会，有时也指定吴宝卿作为席间的专职整音师。2015 年，吴宝卿被公司高层领导、知名钢琴演奏家及外籍专家誉为“整音工匠”。

繁重的任务压在了吴宝卿的肩上，但是她在整音的时候总是能从中看到积极的一面。音乐给别人带去了快乐，所以她每天也都是快乐的。荡漾的笑容、轻哼的旋律，无不体现了她对工作的热爱。

倾囊相授

三角琴生产线的生产逐步进入正轨后，产量越来越大，需要大量的整音人员。在公司的安排下，吴宝卿担负起培养整音人才的任务。对待新手，她总是倾囊相授。整音的时候，在弦槌上哪里扎、扎多少下、扎多深、用几号的针，她都会将不断摸索出来的东西告诉新手们。在钢琴制造行业里，通常培养一个初级整音人员至少要一年，而吴宝卿凭自己多年摸索出的速成法，将这一周期缩短为三个月。

都说“严师出高徒”，吴宝卿虽然不严厉却很严格。对待徒弟，她从不严厉呵斥，但在工作要求上却严格“没商量”。

吴宝卿说：“刚入行的时候没有遇到一个很好的老师，什么都要自己去摸索。”正是这样的经历让她更能够理解做徒弟的心态。在她看来，对徒弟的严厉呵斥不能解决任何问题，反而会使他们产生逆反心理。

在开始教学之前，吴宝卿首先了解徒弟们对整音这项工作是否充满兴趣。都说兴趣是最好的老师，在工作中，兴趣是非常重要的。如果有徒弟对这项工作表现出没有兴趣或者厌烦，她会建议对方不要做这个工作。在教学中，吴宝卿学习大教育家孔子的做法，讲求“因材施教”。她说，不是所有的人都适合做这一行，而且每个人的天分都有差别，她会根据每个人的特点进行教学。

无论取得多少荣誉，吴宝卿一直没有放弃对完美极致的追求，不断磨练技能，就是她成功的秘诀。工作不仅仅是我们的赚钱谋生之道，更应该是我们追求目标、梦想，实现人生价值的舞台。

【阅读关键词】 坚持、勤奋、追求

【成长启示】 梦想在远方。咬牙坚持，战胜一路的艰难险阻，就可以到达梦想实现的地方。

这三十年来，我捞的每一刀纸误差都不超过一两，这就是我的手艺。

——周东红

周东红——手工宣纸的掌帘人

宣纸作为文房四宝之一，是中国古典书画用纸，“始于唐代，产于泾县”，迄今已有1500多年历史。2006年，宣纸制作技艺被列入首批国家级非物质文化遗产。一张宣纸从投料到成纸，需要经历300多天，18个环节，108道工序，其中决定宣纸成败的就是“捞纸”这道工序。

宣纸：唐代其产地泾县隶属宣州管辖，故名。

周东红就是中国宣纸股份有限公司的一名捞纸工。常年与水打交道，手浸泡在水里，烂了又好，好了又烂；天天重复上千遍弯腰、转身、跨步的动作——这就是周东红的工作状态。

与这种状态相对应的是，他保持着一个令人敬畏的纪录：30多年来，一直保持成品率100%、产品对路率97%的辉煌成绩。这两项指标分别超国家标准8个百分点和5个百分点。

作为技术骨干，周东红参与了“香港回归纪念宣”“建国五十周年纪念宣”“建军八十周年纪念宣”等几十种新产品的试制。他参与了宣纸邮票纸的生产试制，为我国成功发行宣纸材质邮票奠定了基础。

缘起

1984年，18岁的周东红初中毕业。起初，他想当个木匠，可是学了半年，他就放弃了。第二年，他到宣纸厂学捞纸。8个月后，由于技术粗糙，他捞纸张捞得很费劲，合格率还低，结果汗没少流，苦没少吃，挣得却比别人少，他又想放弃。

这次，他的想法遭到母亲的强烈反对。母亲苦口婆心地对他说："哪有工作不辛苦的，你总是半途而废，怕吃苦，就什么也干不成。"最后，在母亲的劝说下，周东红硬着头皮回去了。

1987年，为了扩大生产，泾县宣纸厂要招一批学徒，并提供系统性培训——这给了周东红第二次学捞纸的机会。这一回，周东红终于沉下心来。他每天早晨3点多就起床，然后弓着腰、浸泡在水里劳作10多个小时，重复1000多次同样的动作。这种苦不是常人所能承受的，可周东红想到母亲的话，咬牙坚持了下来。

孟子说："天将降大任于是人也，必先苦其心志，劳其筋骨，饿其体肤，空乏其身，行拂乱其所为，所以动心忍性，曾益其所不能。"年方弱冠的周东红没有被困难吓倒，腰痛了贴上膏药，手上生了冻疮也坚持捞纸……8个月苦练基本功，他终于顺利出师，习得了捞纸的关键技艺，从一名农民变成了国有企业的熟练技工，由此与宣纸结下了不解之缘。

缘深

传统手工宣纸制造工艺非常繁复，细分有108道工序，捞纸环节最为关键，技术难度也最大，因为它直接决定了纸张的厚度和平整度。怎么个捞法呢？两个人互相配合，一主一副。前者称为“掌帘”，掌控节奏；后者称为“抬帘”，负责配合。打捞的过程看似很简单：将竹制的纸帘在纸浆槽里晃荡两下，待纸浆沉淀到帘上，摊成薄薄的一页，再将它从帘上轻盈地掀下来，一张宣纸便有了雏形。单次打捞平均耗时不过十几秒，好像没什么难度。然而，周东红深知，要练出一手好的捞纸技艺，不下苦功是不行的。

从学徒到正式走入车间，周东红一直在坚持不懈地学习。为了不影响其他工种的进度，捞纸工人的工作时间常常是从凌晨1时开始，一直持续到傍晚。周东红不怕吃苦，顶着满天星星去上班，又披着一身暮色回家，即使下了班，他脑子里还惦记着捞纸。师傅捞纸的时候，他总是反复观察每一个用力的细节，感受细微的变化。边干边学，边问边记，周东红还经常自己琢磨：怎样将纸浆沉淀均匀？什么时候捞纸最适宜？

为了捞出满意的纸张，周东红在最初的一年里，除了吃饭、睡觉，每天都在捞纸车间里。日复一日的弯腰、转身、跨步……千万遍的重复，熟能生巧，周东红终于练就了一双火眼金睛，能精准地掌控不同季节、不同光线下宣纸的厚薄和纹理。这是一个多么了不起的成绩啊！他欣喜不已，母亲也为他的进步感到骄傲。从第二年起，周东红每年至少能完成130%的生产任务，有时甚至高达145.54%，而这也创下了公司的最高纪录。

捞纸技艺对每张纸的重量有严格要求：误差需在1克之内。而周东红可以把误差控制在0.5克之内，一刀纸（100张）误差在50克以内——这是一个连书画家都称赞不已的水准。

1992年开始，周东红的角色开始转变，他逐渐把更多的精力投入到新产品试制、新技术研发上。2010年，他看到用芒秆制造的捞纸帘床极易损坏，于是提出了用塑料替代的建议，这项改革极大提高了帘床的使用寿命，

虽然在造宣纸这个行当，周东红已经是响当当的人物，但是无论酷暑严寒，他依然坚持每天长时间下水捞纸，他说只有这样才能让手的感觉一直在。

为企业节省了一笔不小的开销。2011 年，周东红又提出了以机械划槽代替人工、以不锈钢代替木头制作纸药桶等建议，均被采纳，为宣纸生产节约了大量人力、物力。

授徒

宣纸传统制作技艺是我国非物质文化遗产。为了让宣纸传统制作技艺代代相传，中国宣纸股份有限公司实施了以老带新的“蓝青工程”。周东红一马当先，在“传、帮、带”中做表率。

2014 年 5 月，公司设立了“劳模创新工作室”。周东红作为“宣纸纸帖压榨技术研究与开发”课题组组长，带领小组成员开展攻关，培养青年工人。

捞纸难，当师傅更难。徒弟刚开始学习，动作不协调，要领掌握不到位，不仅师傅教起来费力，而且纸张的成品率会大幅度降低，每天浪费 1—2 小时是再正常不过的事。面对这种吃苦而费力的事，周东红从不推辞，他说:“师傅手把手教给我捞纸的技艺，我也要把这项技艺传承下去。”语言虽不华丽，却道出了周东红的心声。他甘当徒弟前进的铺路石，毫不保留地点拨，手把手地教授。一般的捞纸师傅一辈子最多带五六个徒弟，而 30 多年来，周东红先后带了 20 多个徒弟。这 20 多个徒弟在他的教导下，不断成长，成为捞纸车间的顶梁柱。

传承

进入 21 世纪以来，传统文化事业受到市场的强烈冲击，亟须保护。2007 年，中国宣纸文化园在安徽泾县成立，周东红被抽调到文化园。从此，他的工作逐渐从单纯的宣纸生产转变为对古法宣纸制造进行生产性保护。

传统文化事业需要传承，周东红离不开他的宣纸制造工作。在他看来，老祖宗的文化不能丢，用自己的努力让传统得以延续，这是比自己生命还重要的事情。

非物质文化遗产该如何传承下去呢？国家采取了一定的措施，周东红也陷入了思考。2015年底，中国宣纸博物馆在宣纸文化园附近建成，宣纸文化被纳入当地的旅游项目中。周东红不仅生产宣纸，同时还是最佳宣传员。他说："在当今电子信息大爆炸的年代，我们要保护好、传承好老祖宗留下的珍贵遗产。"

2016年夏天，周东红还应邀参加了"非遗进清华"活动。他作为非物质文化遗产传承人的一员来到中国顶尖高校学习，与其他人相互交流，感受非物质文化遗产的魅力，成了一名实实在在的宣纸文化代言人。

30多年来，周东红捞出了近千万张纸，没有一张不合格。这奇迹的创造缘于他在传统技艺上的精益求精和极致追求。对周东红来说，每一张纸都是他汗水的结晶，更是传统技艺智慧的传承；每一张纸都融进了他对宣纸的热爱之情，更让他体会着劳动的快乐。用心做好每一张纸，传承我国非物质文化遗产，周东红感到幸福又自豪……

【阅读关键词】 热爱、坚持、传承

【 成长启示 】 所有的成功，都来自对所从事工作的热爱以及一颗永不放弃的心。

也许在别人看来，机器是死的，总是发出刺耳的噪声。但是我认为，它是活的，是有灵性的，那些所谓的“噪声”是最动听的音乐。

——鹿新弟

鹿新弟——柴油机医生

鹿新弟，道依茨一汽（大连）柴油机有限公司的一名高级技师。在多年的工作中，他对质量追求精益求精，对技艺要求尽善尽美，用近30年的时间实现了他“柴油机医生”的梦想，充分展现了一个“大国工匠”的风采。

柴油机是鹿新弟的好哥们。他非常关心它们，了解它们的脾气、秉性，能跟它们打成一片，让它们展现最佳的状态，为人类做出最大的贡献。它们哪里有了毛病，鹿新弟也总能及时诊断出来，并为它们治好病，他是名副其实的“柴油机医生”。

柴油机：用柴油做燃料的内燃机，广泛应用于农业、工业、国防和交通运输等部门。

30年来，鹿新弟坚守在工作一线，从一名高考落榜生成长为拥有2项发明专利、8项实用新型专利的“大国工匠”，他付出的努力可想而知。

师傅领进门，修行在自身

鹿新弟从小就对车感兴趣，喜欢研究车：车是怎么运转起来的呢？怎么让车更好更快地前进？他的脑子里有数不清的问号。1987年，他从技工学校毕业来到现在公司的前身大连柴油机厂。

为了实现心中的梦想，鹿新弟拜厂里最难“伺候”的老师傅宋成金为师。宋成金当时是全厂的维修权威，却以脾气火爆著称，没人敢拜他为师。鹿新弟却不这样想，他觉得“严是爱，松是害”，就要拜宋师傅为师，挨骂不怕，能学到技术就行！为了考验鹿新弟，老师傅让他给大家讲课。鹿新弟想：我可不能打无把握之战，这第一关一定要顺利通过！因此，他一有时间就查资料，准备教具，撰写教案，把可能出现的问题都考虑到了，足足花了半个月时间，前前后后共手写了20页教案。一个小时的课，他几乎耗尽了所有的力气，后背都湿透了，全身都软了。讲完课后，老师傅得知鹿新弟上课的材料是他自己东奔西跑买的，图是他自己一笔一画画的，教案也是他自己一字一句手写的，觉得他是个可造之才，终于答应带他教他。

得到了师傅的认可，鹿新弟心里乐开了花。师傅维修机器时，鹿新弟就在一旁目不转睛地盯着，并及时递上合适的工具。有时因为工具递得不够快或是递错了，师傅就发火了：“心思不在就不要学，省得浪费时间！”顿时，鹿新弟面红耳赤。可平复了心情，他还是重新找合适的工具递给师傅。鹿新弟不怪师傅，而是每天晚上回家后琢磨被骂的原因。渐渐地，他与师傅有了默契，师傅下一步要干什么，他都能预判，师傅一伸手，工具就递到了师傅手上。师傅也对这个灵巧的年轻人刮目相看。再后来，鹿新弟连师傅不敢碰的设备也敢修了，他热切地吮吸知识的甘霖，迅速地成长起来。

世上无难事，只怕有心人

“学然后知不足。”鹿新弟越来越觉得自己的理论修养不足，于是，他除了跟着师傅学习，还潜心研究国内外先进技术，不断提升自己的理论修养和技术水平。有一次，鹿新弟在试验中遇到一个技术难题，为了彻底掌握这个技术，弄懂“为什么”，他硬是自己琢磨了一年，把问题都“吃透”了。凭着这股“钻”劲，鹿新弟成了一个能真正摸透柴油机脾气的人。

CA6DK 柴油机在台架试验时，出现下排气故障，鹿新弟看了看下排气的颜色，又闻了闻气味，就立刻判断出是活塞“烧顶”，结果拆开柴油机一看，果真是这样；又一型号的柴油机出现机油压力低的故障，公司生产几乎停下来，几百台柴油机无法出厂，损失极大。鹿新弟用手摸了一下机油，建议更换机油再试验，结果柴油机真的达标了……

与其等到维修时发现问题，不如在生产时多加思索，在生产环节下功夫。因此，他无论到哪个车间，或是看到哪种新型号的机器，第一反应就是想能不能降低损耗，再去判断柴油机运转是否正常。连平时跟工友交流时擦出的思想火花，他也能变成技术创新或合理化建议。

慢慢地，鹿新弟自创了一套与中医相似的“看、听、摸、闻、问”快速排除柴油机故障的五步维修法。他的眼睛准，脑子活，手灵巧，许多故障在他面前都无所遁形。哪个车间的机器有问题了，大家都请他来，他也因此被工友称为“柴油机故障的克星”“柴油机医生”。鹿新弟听了，心中颇为自豪。

海阔凭鱼跃，天高任鸟飞

在实现梦想的路上，鹿新弟始终勇往直前，他把目光投向更远的地方。

那个时候，长期以来，在柴油机方面，西方国家对我国实行技术封锁，国内还没有一套完整的柴油机标准化调试操作规范，大家只能凭经验调试柴油机，导致产品参数存在误差。怎么才能让每个人做出来的产品都是一样的参数呢？鹿新弟心中有了一个创立“柴油机试验标准化”的念头。这是行业内开天辟地的事，鹿新弟只能自己琢磨，自己制表，自己操作，终于制订出一套切实可行的标准来。大家按照统一的调整方法、统一的标准动作、统一的节拍进行试验，结果调试出的产品性能指标差真的缩小很多。后来，经过两年时间完善，柴油机标准化调试规范正式成为道依茨一汽（大连）柴油机有限公司的一个生产工艺标准。这项柴油机标准化调试规范的建立和应用对中国内燃机行业的示范和指导意义是不言而喻的，现已顺利通过国家专利审批。

鹿新弟痴迷于创新发明工作。他找出二甲醚发动机的设计缺陷，想方设法解决它动力不足的问题，现如今我国在这个领域里已处于世界先进水平；他还敢在进口的设备上“动刀子”，改变油路系统，解决了我国首台共轨柴油机系统测试难题。

鹿新弟技术过硬，拥有450项技术创新成果。很多公司看中了他的技术，纷纷来“挖墙脚”，开出各种极具诱惑力的条件，但都被他一口拒绝了。他说：“是公司的培养让我学到了技术，这里就是我的家，怎样才能为企业做出更大的贡献才是我要考虑的。”

咬定青山不放松，立根原在破岩中

在机器质量方面，鹿新弟从不肯让步。同事们都说：“鹿新弟是一个追求完美、特别较真的人，只要他认为是对的，就会坚持到底。”

2006年，鹿新弟在检测公司刚生产出的一批产品——24台发动机时，仔细看了看，说：“下排气大，不合格，这批机器不能运走。”第二天就要交货了，如果交不出货可就会造成不可弥补的损失。领导说："凭什么说这批机器有问题？明天必须交货！"鹿新弟理直气壮地说："凭我的技术！"后来，在鹿新弟的坚持下，领导同意让他再检查一遍。直到所有的问题都解决之后，这批机器才出了厂门。

一次，一个意大利在我国的独资企业以机器冒白烟、排放不达标为由，要求退货，公司便派鹿新弟赶往现场查看。鹿新弟不卑不亢，埋头观察机器，想要找出对方所说的问题所在。观摩了工人的工作过程后，鹿新弟怀疑油品有问题，但对方不承认，一口咬定是机器的问题，鹿新弟也很坚持："把油换了重做个试验就知道我说得对不对了。"结果换了机器用油后，问题迎刃而解，意大利企业负责人一改先前的冷淡态度，连连称赞鹿新弟技术高超，并主动与他握手。

鹿新弟敢跟外国人叫板，是因为他有技术，有底气，但这并不意味着他对客户的服务就打了折扣。他曾经历时 19 天，行程 4000 多公里，3 次穿越西藏阿里地区为用户服务。汽车轮胎被尘土埋没，他焦急地等待救援；一天开车多达 20 个小时，他不顾身体不适，战胜高原反应，一边吸氧一边工作；手机没有信号，GPS 导航仪失灵，与别人失去联系……各种各样常人难以想象的困难接踵而至，然而，就算再苦、再累、再危险，他也坚持完成了任务。

随风潜入夜，润物细无声

鹿新弟的柴油机维修技术已经出神入化，他把自己的一手好技术毫无保留地传授给大家，还把自己从书中得到的感悟告诉大家，带着大家一起提高技术，掌握本领。

不仅如此，鹿新弟还成立了工作室，利用互联网传授技艺，打造出一支一流的团队。在他的带领下，工作室成员迅速成长起来。他编写培训材料，先后开展培训3000多课时，为公司培养出100多名高技能人才。“兄弟同心，其利断金。”在这个团队里，众人同心，其利断金。他们不断攻坚克难，共完成技术创新800余项，为公司技术创新能力的提升做出了杰出贡献。

鹿新弟从“力量型”工人成长为一名“知识型、技术型、创新型”的技术精英，这不是一件易事。这来自于鹿新弟几十年如一日的埋头苦干，来自于他敢闯敢试、不断超越的创新热情，来自于他对祖国、对事业无限忠诚的赤子之心。他在自己的舞台上，奏出了一曲最强音。他无愧于身处的这个日新月异的时代，无愧于他内心根植下的做一名“柴油机医生”的梦想。

【阅读关键词】热爱、钻研、坚持

【成长启示】为理想而奔波，在时光深处，镌刻深深浅浅的奋斗痕迹，这是一种幸福。

在部队，我的职责是保家卫国，要服从纪律，服从安排。在这里，我的责任就是确保装卸过程的安全，保障工作的效率。

——郭 磊

郭磊——桥吊专家

又是一个工作日，郭磊坐在50多米高的驾驶室中，沉稳地操作着，用几根钢丝连接的抓臂不断地往远洋货轮上吊卸集装箱。海上的气候瞬息万变，刚刚还是风平浪静，转眼间凛冽的海风席卷过幽蓝深邃的海面，海上顿时涌起阵阵浪涛。为了让船舶能够在恶劣天气到来前及时离港，他争分夺秒地工作着，不敢稍有懈怠。直到最后一个集装箱稳稳地落地，他才轻轻地呼出一口气，结束了一天的工作。

郭磊是一名普通的桥吊司机。他来到青岛港已近20年，光阴似箭，日月如梭，这一5平方米的小天地和这片一望无垠的海面已成为他最熟悉的地方。每天他就是用手中的操纵杆和按钮，在那些“巨无霸”的集装箱中间“穿针引线”。高空工作给郭磊带来荣耀，2010年他参加山东省技能大赛，在集装箱桥吊项目竞赛中获得第一名。郭磊还获得了山东省技术能手、山东省首席技师等荣誉称号，并获山东省富民兴鲁劳动奖章。

不经历风雨怎么见彩虹，没有人能随随便便就成功。熟悉的大海知道，高高的吊车抓臂知道，郭磊在成长为“桥吊专家”的路上，洒下了无数汗水，付出了无数心血。

爱岗敬业　服从安排

郭磊出生于一个朴素温馨的家庭，父母勤劳朴实，一言一行均给予他潜移默化的影响，因而他从小做事就特别认真，轻易不会服输，有一股冲劲。

高中毕业后，17 岁的郭磊通过了重重考察，应征入伍。他特别高兴，别人觉得枯燥又辛苦的新兵训练，他却不叫一声苦。他觉得男子汉就应该流血流汗不流泪，好男儿就应该来军营锻炼锻炼。每日全副武装的 5 公里拉练，雷打不动的打靶训练，他都要求自己比别人做得更好。有的时候累狠了，躺在床上快动弹不了了，郭磊也没有动过退缩的念头，他坚信别人能跑自己也能跑，别人打靶成绩好自己就要做到更好。

三个月内，一次次的基本技能训练，一次次野外拉练，让郭磊和他的战友们一起成长为充满血性的英武战士。

随后，郭磊学习了无线电通信专业，成为南海舰队的一名通信兵。在部队期间，郭磊表现优异，加入了中国共产党，荣立三等功。从军的经历是一笔宝贵的财富，郭磊学会了如何适应环境的转变，如何面对生活中的磨难，如何战胜困难。1998 年郭磊从部队退役后，被分配到青岛港集团成为一名装卸工。装卸在当时是一个非常辛苦的工种，机械化程度远不如现在，很多装卸工作全靠人力完成，卸一车货物简直就像打了一场攻坚战，体力消耗是常人难以想象的。因此，装卸工又被戏称为“老搬”。工作没多久，和郭磊一起分配来的几名实习生坚持不下来，选择了辞职，到较轻松的工作岗位上去了，郭磊却毅然选择坚守岗位。

郭磊在工作中继续发扬军人“流血流汗不流泪，掉皮掉肉不掉队”的光荣传统，“南海守岛我是一个兵，扎根海港我要成精英”。郭磊坚信在这片蔚蓝的海天相接之处，一定会有他的用武之地，他完全可以通过奋斗来证明自己的价值，实现自己的梦想。他在心底暗暗地给自己鼓劲加油：“我的岗位在这里，我的心就在这里，我的责任就是要确保装卸过程的安全，保障工作的效率。”

恪尽职守　苦练绝活

“第一是船舶和货物的安全，第二是装卸的效率。”郭磊谈起日常工作滔滔不绝、如数家珍。

然而一切并非一帆风顺。2004 年，郭磊从普通的装卸工开始接触桥吊工作。第一次坐上驾驶室，他很恐高，腰都不敢挺直，腿也直打哆嗦，眼睛更是不敢往下看。海水在脚下翻滚，他感觉自己好像要掉进海里，手都抓不住操纵杆了，抖抖索索的。50 米的高空相当于 17 层楼高，在方寸的操作间内俯瞰码头上密密麻麻的集装箱，郭磊感受到了肩上的责任和压力。

郭磊每日按照单位规定的每小时至少装卸 30 个集装箱的效率进行练习和工作。他自以为已经很不错了，然而一次在驾驶室操作时，下面负责指挥的工友用喇叭喊道：“上面是谁在装卸啊，怎么这么慢？如果干不好就下来换人吧！”直白的话语让郭磊不由一愣，平时的不懈努力并没有得到别人的认可，这让他有些不解和不服。他就仔细地观察别人操作，当他发现一个经验丰富的师傅的操作速度竟然是他的将近两倍时，他惊呆了，发现自己真的技不如人。郭磊意识到装卸熟练度对于工作的重要性，于是拿出了当初在部队练射击的那股劲头，刻苦钻研装卸技能。

终于，郭磊的装卸速度提高了。转道、放道具、扣箱、起吊、放箱一气呵成，动作干脆利落。现在，郭磊一个小时能装卸 61 个集装箱，这意味着一分钟时间内，郭磊就要完成一次抓取、搬运、卸货过程。

怎样才能让大伙都提高装卸速度呢？郭磊开始积极探索桥吊操作的新方法。没过多久，爱动脑筋的郭磊就开创了两个特色绝活儿——“精益求精”和“飞箱穿障”。前者利用桥吊吊具在高空操作，5 分钟内先后对两个靶盘进行精准射击；后者在吊具四周摆放 4 个啤酒瓶，啤酒瓶上再分别摆上鸡蛋，操控吊具平稳吊箱并进行装卸，整个过程既要无声又要保证鸡蛋和酒瓶的平稳，难度高，观赏性也强。队友们纷纷称赞他的绝活儿，他也借此机会向大家推广，让更多同伴做到“一钩准、无声响”操作。

从事桥吊工作 10 多年来，郭磊先后 8 次作为主力人员参加集装箱装卸世界纪录大会战，年均装卸 6 万多个标准箱，在青岛港桥吊司机中首屈一指。

不忘初心　砥砺前行

郭磊爱钻研出了名，很多年轻工人都来向他讨教经验。郭磊毫不犹豫，把自己的工作经验与大伙儿分享。他先后带出了 17 名徒弟，其中有 9 人取得了山东省“金蓝领”技师证书，成为公司装卸生产作业中的骨干力量。

郭磊带徒弟是思想和技能两手都抓，两手都硬。他认为带徒弟，首先要传授的是思想。如果一个人从心里觉得桥吊这个岗位没有什么技术含量，就不会去潜心钻研。因此端正的思想态度是良好工作的开端，精湛的技艺则需要日后一点点学习，要一步一个脚印。郭磊带出来的徒弟个个都能独当一面，这让他很是自豪。他认为年轻人不能浮躁，干一行就要爱一行，全身心的投入一定会换来丰硕的果实。

对于未来的规划，郭磊希望能再多学习一些理论知识，并在实际操作中继续提升自己。他坚信成功之路没有捷径可走，需要脚踏实地，未来把握在自己手中。

【**阅读关键词**】踏实、锤炼、前行

【**成长启示**】青春的画册，只有用奋斗的画笔去涂抹，才能拥有斑斓的色彩。

人一定要有追求，要不断地学习。

——凌伟华

凌伟华——检修现场的“定海神针”

三峡水电站自建成以来，屹立于长江之上，日夜不息地散发着它的光和热。单机容量、总装机容量、年发电量均位居世界第一，三峡水电站正用它蕴藏的巨大能量为人民安居乐业保驾护航。而这一浩大工程的平稳运转离不开像凌伟华这样的匠人的呵护。

凌伟华是三峡水力发电厂主机分部调速器负责人。三峡水电站水轮发电机组有 5 层楼高，数万个部件。一般人需借助精密仪器，耗时半天，才能拆装发电机调速器的电磁阀。而凌伟华只凭手感，就能在几十分钟内完成拆装。他在工作中严格要求自己，精益求精。在大家的心中，他就是一个标杆，一个典范，一个难以企及的目标。他是检修现场的“活地图”，更是“定海神针”。

调速器：一种自动调节装置，可减轻某些机器的速度波动，使机器转速稳定。

几番风雨几度春秋，风霜雨雪搏激流。既然选择了这一行，那就心无旁骛做好它。30 多年来，凌伟华用执着和热爱谱写了一曲事业的赞歌，成为同事们眼中调速器专业的“百科全书”。

入行遇良师

1982年，凌伟华走出校门，怀揣着对未来的憧憬与向往进入葛洲坝水力发电厂。来到工作岗位上，他面对的是大型水轮机调速器检修工作。这是个全新的领域，与他所学的热能动力专业相去甚远。初生牛犊不怕虎，年轻的凌伟华有的是干劲儿，决心要在这个行业干出点成绩来。

凌伟华拜的师傅是一位技术精湛、经验丰富的老工人。他如饥似渴地跟师傅学着，不懂就问。师傅对他也很严格，发现他思想上一有松懈就要过问，对于技术问题更是“吹毛求疵”。有一次，凌伟华穿了一件新毛衣上班，结果不小心摔了一跤，毛衣上沾了油污，而且这种油一旦沾上就洗不掉。这已经是这个月的第三件毛衣了，凌伟华很沮丧。师傅看到凌伟华工作时总提不起劲儿，就问他怎么了。凌伟华把自己的烦恼说给师傅听。师傅严肃地说：“这点小麻烦就接受不了啦？工作起来哪能怕油污？再说怕把衣服弄脏，干吗不在外面套上件罩衣？”凌伟华不作声了。

这是件小事，不过，如果因“小事”影响了工作，师傅生起气来可就不一般了。有一次，师徒俩到一个偏远的地方进行检修。因为年轻缺乏经验，凌伟华出发前并没有好好地检查一遍所带的材料。等到现场检修的时候，凌伟华才发现有个必须要用的材料没有带，附近又找不到所需材料。无奈之下，凌伟华想出一个“巧”办法——把鞋底卸下来，削成需要的形状作为替代品。

凌伟华的“急中生智”并没能躲过师傅的火眼金睛，师傅大声说：“你明知道检修的地方偏远不方便，来之前怎么不把工具材料检查一遍？难道战士要等上战场了才去找刀剑？这样容易出事你知道吗？”“凡事预则立，不预则废”，凌伟华明白了这个道理，以后再也没犯过类似的错误，不管做什么，总是考虑周全，准备充分。

学习成专家

凌伟华工作一段时间后，渐渐觉得所学的知识不够用了。他常挂在嘴边的一句话就是：“人一定要有追求，要不断地学习。”

说来这里面还有一个小故事。2001 年，建设三峡工程的集结号吹响。40 岁的凌伟华主动请缨，到三峡电厂工作。水电站投产之初，左岸机组都是国外引进的，相应的设备资料当然也是英文版。这给设备的推广应用带来了困难。厂里组织人员进行翻译，但是翻译的员工没有在一线工作过，只能按照词典上的意思解释，很难翻译得“原汁原味”。而面对翻译资料，一线工人们常常是“丈二和尚——摸不着头脑”。一次，翻译员工在翻译“dry test”和“wet test”这两个词组时，就直接按字面意思翻译成“干试验”和“湿试验”。但是一线工人从未听过这样的“专业术语”，相应的设备研究工作不得不停下来。凌伟华也犯了难，百思不得其解。有一天，他在洗手时突然茅塞顿开，这不就是“有水试验”和“无水试验”嘛！

这件事给了凌伟华很大的触动。他觉得学习是永无止境的，要活到老，学到老。他开始认真地学习英语，找出了从毕业起就不知扔到哪里去的词典，开始了艰辛学习生活。在看图纸和资料时，凌伟华不看别人已经翻译好的内容，而是坚持自己重新翻译。对于不认识的单词，他不厌其烦，一遍遍地翻词典，将中文注释标注在英文单词下面。他的书柜里全是英文书籍，一份份资料上写着一行行工整的中文注释，一本本记录本上写着新学习的单词。努力会有好结果，天长日久，凌伟华的英语水平直线上升，他终于能够

凌伟华，活跃在水轮机调速器车间一线的技术工人。30多年在调速器旁的“摸爬滚打”，让他可以通过“望、闻、问、切”，来为这巨型机器“把脉”。

看懂那些复杂的英文图纸了。

钻研练绝活

凌伟华注重知识的掌握，更看重实际操作能力的提高。

水轮机是水轮发电机组的重要设备之一，而调速器对于水轮机就像离合器对于汽车，它控制着水轮机的转动速度以及进入水轮机的水量，是重中之重。

凌伟华30多年来一直在调速器旁“摸爬滚打”，一遇到难以解决的问题，大伙都来找他。他或是站在油压泵旁细听油泵运行的声音，或是用长满老茧的手在管路和阀门上抚摸，或是闻一闻机器的油味，任何一个毛病在他面前都无所遁形。不管是直径200毫米的压油管路，还是只有10毫米的控制管路，甚至零件与零件之间很微小的间隙，凌伟华都了如指掌。

凌伟华在调速器方面的权威性也得到了国外制造商的认可。以至于后来在机组安装调试前，对方调试工程师都会点名要求“133”到场——因为凌伟华的安全帽编码为133，外方牢牢记住了他的编码。

三峡工程是一个举世瞩目的大工程，寄托了几代人的希望。32台70万千瓦级发电机组，2台5万千瓦电源机组，无论是装机台数还是总装机容量，三峡水电站都是当之无愧的世界第一。每年10月至次年5月的岁修时间，凌伟华都要带领徒弟们将34台水轮机调速器的重要零部件全部检查一遍，坚决不打无准备之战。

凭着一股钻劲儿，凌伟华自学了英语高级课程，能看懂英文说明书；还是凭着这股钻劲儿，凌伟华独创了凌氏检修法，成功解决了三峡水力发电厂机组多个棘手的设备缺陷问题；他还把维修心得修编成《三峡电站调速系统检修与维护规程》等多个具有参考价值的手册，给设备维修提供了蓝本。

严师出高徒

现在，凌伟华已经两鬓斑白，额上也爬满了皱纹，常年严谨的检修工作让他的眉心刻上一个深深的“川”字。年近花甲的他已经是三峡水力发电厂水电维护专家，是享受国务院政府特殊津贴的高级人才，但他不忘初心，仍然战斗在一线，要为水电站多培养几个人才。

国务院政府特殊津贴：中华人民共和国国务院对于高层次专业技术人才和高技能人才的一种奖励制度，获得者被称为享受国务院特殊津贴专家。

他和自己的师傅一样，对工作精益求精，对徒弟严格要求。他认为空谈是学不到知识的。为了让徒弟熟悉设备，凌伟华把淘汰下来的设备组件拆开，手把手教徒弟，让徒弟了解机器的组成，熟悉它们的每个结构。从武汉大学毕业的博士生付兴伟，刚进水电站就拜凌伟华为师。凌伟华经常带着付兴伟到现场去，在设备上爬上爬下，不怕脏不怕累，全无师傅的架子，其品格深深地感染了付兴伟。凌伟华在技艺的要求上，高于普通行业标准。他说：“只有高标准、严要求，才能有好产品。”

一次，付兴伟在调试电机核加油泵同心度的时候，一连蹲了好几个小时，终于把误差控制到了100微米。他心里暗暗得意，高兴地问凌伟华：“师傅，已经达到行业标准，是不是调试得差不多了？”不料，一向平易近人、和蔼可亲的凌伟华十分严肃地对付兴伟说：“作为一名检修人员，我们的词典中不应该有‘差不多’这样的字眼，我们的标准是小于80微米，你还没有达到！”

师傅的话如当头棒喝，敲没了付兴伟的沾沾自喜，他更加专心地投入到对技艺的磨练中去。

在凌伟华的引领下，一批又一批优秀的徒弟成长起来了，有的徒弟已经在国内大型水电站中成为技术骨干，为水轮机组的安全把关。

不忘初心，砥砺前行。凌伟华一心绕着调速器转，换来的是技艺的炉火纯青，换来的是内心的自豪与满足。三峡工程造福了中国人民，他也愿为三峡工程贡献一辈子。他就是机器上的一颗小齿轮，不停运转，永远贡献着自己的一份能量。

【阅读关键词】坚守、执着、淡定

【成长启示】只有持续地努力，不懈地奋斗，执着地坚守，你才能实现自己的梦想，找到人生的价值。

扎扎实实干活，问心无愧做人，这就是工匠的境界。

——王 津

王津——一代钟师

双手常年浸泡在煤油里，宁可伤手，也不伤文物。他恪守着老辈修复师留下的规矩，精益求精，让一座座古老钟表恢复往日的机能，焕发昔日的光彩。

他踏踏实实工作，通过双手与古代匠人进行对话。尽管时光流逝，美好却永远停留。

他天天与文物接触，却很淡定从容，就像是一座精密的机械钟，无论外界如何，自己永恒地维持着嘀嗒嘀嗒的节奏，不急不躁，不慌不忙。他以坚守的姿态，把生活过得简单又从容。

他就是王津，故宫博物院文保科技部钟表室修复师。

拜师学艺

王津一家与故宫有不解之缘。他的爷爷曾任故宫图书馆馆长，小时候，他常来找爷爷玩耍，对这里的一草一木都有感情。爷爷教育他说："这里的一草一木都属于公家，你不能拔一棵草、摘一朵花，更不能觊觎这里的任何东西。”这样的家训对他后来的工作大有裨益，即使面对价值连城的珍品，他的心中也波澜不惊。

1977年初中毕业后，王津进入故宫钟表室，拜马玉良为师。马师傅不苟言笑，要求特别严格，因为古董钟表的零件不能换新的，每个零件都要匹配钟表原本的光滑度和新旧度，齿轮大小要完全一致，内部操作系统往往是牵一发而动全身，任何一个小零件角度上的出入，都有可能导致走时系统崩溃。

王津开始了学徒生涯。按规矩，做学徒头一年是不能接触文物的，要练手只能修家用的闹钟或者挂钟。为了练手，王津不知拆装了多少遍闹钟、座钟，直到所有的零部件都熟记于心，闭着眼也能重新组装，才结束了这样的训练。

第二年，王津开始修小型钟表，复杂点的钟表由师傅修，他给师傅打下手。到第三年，他可以独立进行简单的修复工作。马师傅不爱说话，但喜欢观察，他每天早晨七点半就到单位，一来就先看看徒弟们前一天干活儿的速度。马师傅把技艺和经验毫无保留地传授给王津。拆卸、修复、组装，非常繁杂，要求必须精准。王津做得不对，马师傅就毫不留情地指出来，王津总是心服口服地接受，因为他知道，严师才能出高徒，师傅批评徒弟自然是为了徒弟好；若是师傅不管不问，徒弟哪能学到真本领，严厉一些才会让人记忆深刻。王津读懂了师傅的一颗慈父心，他和师傅建立了父子般的情谊。文物修复的人一向没有吃饭的概念，一旦投入工作，一天都不动弹一下。师傅不只教王津技艺，还关心他的身体健康，这让他深受感动。

马师傅是个责任心特别强的人，这也给了王津很大的影响。1982年的冬天，王津跟着师傅到广州修复广东博物馆的一座钟表。冬天的广州没有暖气，从北方到南方，他们一下子不能适应，晚上躲在被窝里都不敢把脚伸开来，只能蜷缩着。即使租了两床厚被子，睡到第二天早晨，被窝里还是冷冷的。数九寒天，两人洗澡只能拿半桶冷水往身上浇，可是师徒俩没叫一声苦。他们本来可以把钟表带回北京去修的，但想到运输条件差，可能会对已修好的钟表造成二次损坏，所以，硬是在广州停留直到完工。这一待就是 3 个月，马师傅的哮喘病更严重了，但他什么也没说。无论是技艺还是态度，马师傅都潜移默化地影响着王津。

马师傅去世 10 多年，王津仍然经常梦见师傅，在梦中，他们俩还是和往常一样，一起工作。那些悠远的时光浸着岁月的味道，把一种深刻的情感久久地珍藏。

技艺传承

现在，故宫的古代钟表修复技艺已经传到第四代。王津也做了师傅。他接力了马师傅的工作，要把修钟表的技艺传下去。

王津在指导徒弟修复钟表时，对每一个细节和步骤都会严格按照传统的方法。比如补齿，齿轮一定要跟原来的一样大小，光滑度也要和原来一样，载尖一定要呈 90°，差一点儿都不行。王津语重心长地说："差之毫厘，谬以千里。我们的修复工作来不得半点儿马虎。"作为练习基本功的必要手段，传统修复方法都由几代钟表修复师传承下来的操作技术和经验是一笔宝贵的财富，王津最大限度地把它们传授给下一代。同时，王津认为，每一代人都有自己的修复理念，不必完全拘泥于过去的经验，也要有所创新。如果新方法效果好，就使用新方法；如果效果不如意，

载尖：在轴径上打眼。

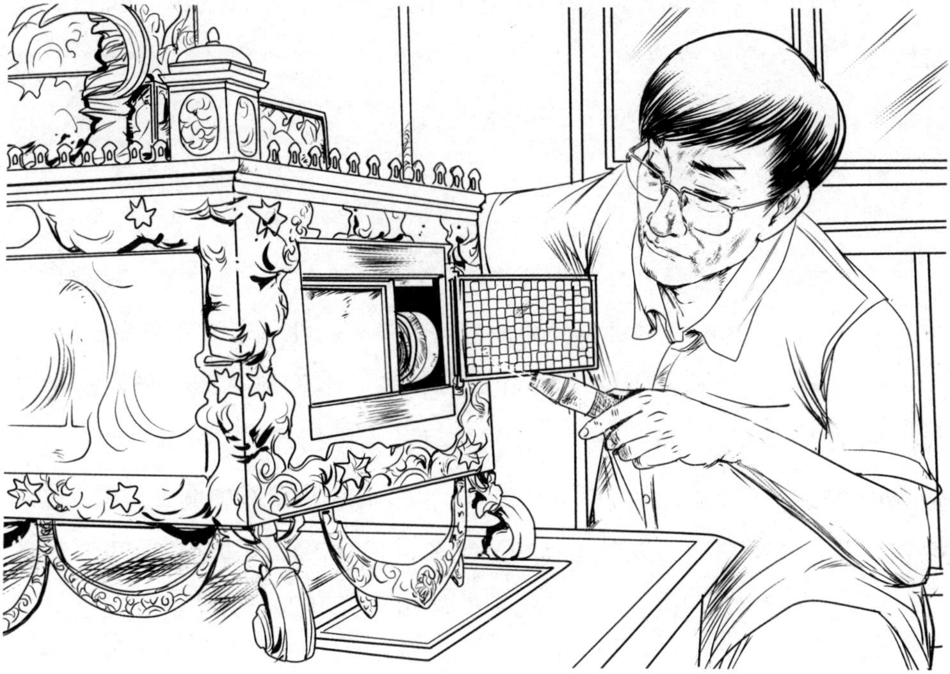

故宫珍藏着西洋钟表1500座左右，王津作为故宫第四代钟表修复师，修复过的就有300余座。

那就还是使用传统方法。王津通过在外学习交流引进了先进设备，传统手工操作与机器加工相结合，提高了修复钟表的效率。他利用摄像摄影、多媒体等技术，在修复中随修随照，比较每一步的得失成败，完工后留下一整套系统的修复档案。他还尝试使用国外专业的超声波清洗机和药液，代替传统的煤油手工清洗，使钟表变得更光滑、干净。

王津带着徒弟默默地修复着钟表，他们修复好的钟表大都送到库房去保管了，有的送去展览馆与观众见面。他们执着地努力着，让残旧的文物焕发新颜。

钟之情缘

几十年来，王津一直都在不到80平方米的钟表室里安静地工作着，当拿起案桌上的工具给那些钟表慢慢地打磨零件时，他就忘了周围的一切。

经王津手修过的钟表不止300件，大修、小修都有。小修的仅需要10—20天，一般是简单的调试和清洗零件；大修的几乎要耗时一两年。老人变戏法钟的修复给王津留下了深刻的印象。这座古董钟由瑞士钟表大师路易斯·罗卡特于清道光九年（1829）制造，共有7套传动装置，70多厘米高。钟机芯结构特别复杂，所有的零件加起来有1000多个，大小不一，作用不同。王津以往都是凭记忆和经验，记住哪些零件应该安装在哪里、有什么用途，往钟表上大致比画一下，一眼就能识别出来。而修复这座钟，耗费了王津大量的时间和心血，他和同事合作，修了一年才大功告成。

王津师徒曾花了近一年的时间修复了一对乾隆皇帝收藏的铜镀金乡村音乐水法钟。这座钟刚出库时非常残破，零件散落。经过王津师徒的努力，修复后它除了能播放音乐外，房屋还能开门，仿制的鸭子能扇动翅膀，小船还能在水里行驶……

王津沉醉在钟表的世界里。那几百件经过他修复的钟表，每一件都有一个名字，每一件都有一个故事，王津将它们还原的同时，也让这些故事流传下来。

故宫工作在外人眼里充满神秘感，但对王津而言，他看不到故宫里的那些雕梁画栋，看不到帝王曾经的辉煌，他的眼里，只有钟表。一名钟表修复师，要较真，要精益求精，要坐得住冷板凳，要耐得住寂寞，不受浮华世界的诱惑，不去追求功名利禄——这才是一个钟表修复师的全部人生。

【阅读关键词】 精细、精心、精湛

【成长启示】 耐得住寂寞，在时光流逝中默默坚守自己的岗位；精益求精，用工匠的精神与情怀，去谱写传奇。

创新无处不在，每一次效率的提升，每一次精度的提高，一点一滴的成本降低，都是创新。

——徐 强

徐强——带领中国齿轮走向世界

他技术娴熟，业务精湛，追求精雕细琢、精益求精的加工工艺，被大家称赞为“齿轮王”。

他立足本职，刻苦钻研，带领班组人员在生产一线大胆进行技术革新，攻克了齿轮加工中多项关键性技术难题，创造了国内大型齿轮加工4级精度的全国之最，每年为企业创造价值4000多万元。

他是当代中国青年产业工人的杰出代表，展现了工人昂扬奋进、创新奉献的精神风貌。

他为民族工业的发展壮大培育了一批又一批精工巧匠。

他就是沈阳鼓风机集团股份有限公司齿轮压缩机公司副总经理徐强。

沈阳鼓风机集团股份有限公司：前身是沈阳鼓风机厂。1952年国家投资170万元进行扩建改造，成为全国第一个风机专业制造厂。2003年整体转制为沈阳鼓风机集团股份有限公司。

功夫不负有心人

与其他车间“轰轰隆隆”的嘈杂相比，齿轮加工车间像个

“文静的姑娘”，只有综合水平较高的技术工人才能够操作这里的高精尖加工设备。这个地方见证了徐强的成长。

1990年，高考失利的徐强决定寻找一条属于自己的生存和发展之路。经过努力，他考上了沈阳鼓风机厂技校数控大专班，开始技工生涯。要强的徐强相信“天生我材必有用”，他给自己定下了目标：做一名优秀的复合型技术工人。在学校里，他认真学习，掌握技术，取得了较好的成绩；毕业后，徐强如愿进入沈阳鼓风机厂五车间，成为一名磨齿机操作工人，开始每天与巨大且“微妙”的齿轮打交道。第一次近距离接触这些精密、稀有的大型设备，他被深深地震撼了。他满怀豪情地对曾是工厂技术权威的父亲说：“爸，现在人们都叫我是徐义铮的儿子，用不了多久，人们就会说您是我徐强的爸爸。”

徐强说到做到。他如饥似渴地跟随师傅学习磨齿机的操作技术，认真记下动作要领，回到家也反复思考、琢磨。仅用半年时间，他就把师傅的技术学到手了，操作熟练程度不亚于一个工作一年多的工人。徐强由于表现突出，公司决定破格让他独立操作瑞士马格SD-32X磨齿机。一时间，部门里议论声不断，有人佩服，有人羡慕，也有人持怀疑态度：“不到半年就出徒了，操作这么复杂、精密的设备，他行吗？”徐强默不作声，他用实力说话，一个人独挑大梁，出色地完成了任务。

然而，前进的道路上不会是一帆风顺，也会有困难和挫折。一次，在加工一件外协小齿轮时，他无意中将进给倍率旋钮多拧了一圈，导致速度成倍增加，零件报废。干活出废品似乎是难免的，但这件事给了徐强一个教训，也让他冷静了下来。

从那以后，徐强更加严苛地要求自己，抓紧一切机会虚心学习。他边工作边研究，就连吃饭时脑子里也想着齿轮的事，也从来没有在晚上12点前入睡过。徐强深知自己在专业领域的知识储备不足，于是，他在坚持设备操作技能学习的同时，还不断学习相关机械理论知识和外语。家里十几平方米的卧室，专业技术、应用工具和管理方面的书触手可及。对他而言，读书就是最好的娱乐。

努力终会有所收获，如今的徐强已成为业内著名的技术能手，创下大型齿轮加工 4 级精度的全国之最，先后荣获全国杰出青年岗位能手、全国劳动模范等荣誉称号。

为中国人争光

2001 年 3 月，徐强接受了一个任务，到德国一家公司验收本公司订购的一台价值 1280 多万元的高精度磨齿机，那是当时世界上最先进的磨齿机。作为公司验收团中唯一的一名工人，徐强深知自己肩上的责任重大，如果不弄懂设备的操作原理，不学会操作方法，回国后将无法开展工作，也会给厂里造成巨大的损失。

他抓住一切机会想将心中的疑问全都搞清楚，然而，德国的技术人员却不配合，觉得他们的产品质量绝对过硬，中国的技术人员根本没有能力检验他们的产品。徐强不肯认输，他决心尽快掌握设备的原理和操作技术。于是，他对着满是英文单词的说明书一字一句地翻译。因为专业性太强，很多单词不常见，翻译进程很慢。但是他有的是韧劲："我不能把一台有问题的机器带回去，我一定要吃透说明书，掌握技术要领。"在两周的时间里，靠着一本汉英词典，凭着一股钻劲，徐强硬是把这本天书般的操作手册通读了三遍。

在验收这台机床一个坐标轴的精度时，德方只检测了全部行程中很短的一段就认为误差在允许范围之内，徐强对此质疑："为什么不校验全行程，多测几个点？""没有那么长的测棒。"对方对自己的产品信心十足，对此根本不当一回事。

检验这么精密、贵重的设备来不得半点含糊，徐强立刻提出解决方案，可以通过调整机床的回转角度来增加检验长度。德方同意了，检测结果显示"误差超标"！"如果设备达不到要求，我们是不会验收的；如果因设备质量问题影响加工精度，损失必须由德方全部承担。"徐强立场鲜明地表明态度，德方不敢再敷衍，立即查找问题加以解决。

同年 8 月份，德方来沈阳鼓风机厂安装、调试设备。在验收试件的程序编制过程中，他们将 15°48′ 的齿轮螺旋角直接输入成 15.48°。结果在加工时，徐强发现齿轮方向不对，当他质问德方时，德方依然不肯承认错误，这下徐强被激怒了："这是什么态度？难道老外就不会犯错误？我要用我的技术捍卫中国人的尊严！"他严肃要求对方立即与总公司联系。

事实胜于雄辩。通过电话后，德方人员一脸歉意地对他说："徐，对不起，刚才是我输错了数据，非常感谢你给我指出错误。"错误得到及时纠正，仅此一项就为公司节约 10 多万元。徐强爱"较真"出了名，这"较真"是对科学的尊重，是对精度的追求。

专注创造奇迹

徐强走在精益求精的路上。

一次，正在磨削一个重点产品的人字齿大齿轮左旋齿时，电网突然发生"晃电"现象，造成机床报警停台，砂轮"挖刀"，将齿轮工作面局部严重磨伤，经职能部门认定该齿轮只能报废处理。徐强不甘心，连夜进行试磨修复。经过连续 30 个小时加工，徐强终于把这个大齿轮从“死亡线”上拉了回来，为企业避免了 15.6 万元的经济损失。

2004 年，徐强接到一个订单，客户要求生产一个精度为 5 级的大型齿轮。5 级精度对于齿面宽而模数小的大型齿轮来说，难度系数相当大。这是一个巨大的挑战，因为稍有不慎，编错一个程序，摁错一个按钮，都会导致齿轮报废，不仅会损失几十万元，更会损害企业信誉，辜负用户的信任。因此，徐强在加工过程中丝毫不敢马虎，时刻守在车间里，细心地操作，坚决不让任何瑕疵出现。

严谨专注终于结出了硕果，徐强加工的大型齿轮精度达到了 4 级！这超出了客户的期待，更是创下了全国大型齿轮加工精度之最，达到世界先进水平，这在当时是一个奇迹。一向对自己国家的技术水平颇为自得的德国专家也竖起了大拇指：“虽然我们的设备在设计上可以达到这个精度，但真正能在操作中实现这个精度的人实在太少，徐的技术令人佩服！”

这个纪录轰动了全国，自此，同行将徐强创造出的高精度纪录称为“徐强精度”。这个精度，每年能为企业创造 4000 多万元的利润。更重要的是，它是一次精彩的创新，是中国工人凭借自己的智慧和实践所创造出来的成果。这一刻，当代中国工人的风采绚烂夺目，让全世界都为之喝彩。

有一次，公司派徐强到大连某企业操作新购进的 ZP08 机床。不到一个小时，徐强便能熟练操作这台机床，并在极短的时间，完美地完成了加工任务。正在对该企业员工进行操作培训的德国技术人员看到了这一幕，便私下邀请他做售后技术指导，条件优越，待遇也极其优厚。

德国人很诚恳地说：“徐，你是一个人才，我们看中了‘徐强精度’。”

"'徐强精度'不是我个人的，我没有权利出卖它。"徐强斩钉截铁地拒绝。他深知国家、企业培养出一名优秀的技术工人是多么不容易，而他的每一步成长，都离不开给予他帮助的师长和工友。是国家培养了他，是企业造就了他，鱼儿离不开水，他又怎么能够离开祖国呢？

在徐强眼中，"沈鼓"就是他的家，他从未想过要离开它。他常常鞭策自己："人生要常怀感激之情，常葆进取之志，常存敬畏之念。"他相信只有在沈鼓集团，他的人生价值才能真正得到升华。

诠释工匠精神

"徐强精度"让他收获了无数赞誉，但在荣誉面前，徐强并没有飘飘然，他一直保持着务实肯干的心态、敢于吃苦的精神、不断开拓的激情。

徐强把自己的一切都献给了事业。他了解一线技术人员的辛苦，他们的成长不是一蹴而就的，因此他立志把"徐强精度"无私传授给更多青年工人，带领中国齿轮走出中国，冲向世界。

"师傅对待工作特别严谨认真，对我们要求也非常严格，但是生活中却对我们十分关心。"余宝华是徐强的徒弟之一，2002 年进厂后就一直跟从徐强。在他心目中，徐强一直是他的榜样。无论是工作还是生活，徐强都对他有问必答、悉心教导。在徐强的关怀和引导下，余宝华从一个懵懂迷茫的青年工人成长为一名自信、有活力的岗位能手。

而今，徐强带出的 5 个徒弟都已经成为企业的生产骨干，获得各种荣誉称号。徐强为他们感到骄傲。高素质的技术工人是宝贵的财富，这样的工人越多，企业才越有竞争力。

徐强不仅把自己的技术教给徒弟，而且把自己精益求精的专业态度、无私奉献的精神传给了他们。他们懂得，技术就是生产力；他们更懂得，学成了技术，要为祖国的制造事业服务。他们立志要创造出更多的“徐强精度”，让“徐强精度”的光芒更璀璨。

虚荣的人注视着自己的名字，光荣的人注视着祖国的事业。“徐强精度”让徐强的名字传遍世界，但徐强记得的是：唯有专注地做好自己的工作，并且一直做下去。

【阅读关键词】爱国、敬业、钻研、专注

【成长启示】凡事脚踏实地去做，不耽于空想，不沉迷于享乐，就会一天天接近成功。

为了万家灯火，我们不能偷懒。
——李卫军

李卫军——草根工匠

电，与我们的生活息息相关。炎热的夏季，电力工人冒着高温，攀爬在电线杆上，一丝不苟地进行电力维修，这样的场景我们并不陌生。李卫军，就是国家电网河南驻马店供电公司输电运检专业的一名带电班技术员。近20年的一线工作中，李卫军出过车祸、被狗咬伤过，还夜宿过鸡窝，但他凭借勤奋与毅力，克服重重艰难险阻，从一名初中未毕业的青年成长为一名电力系统的技术专家，还带领着一批“985”“211”重点大学毕业的学徒，长期奋战在电力检修工作一线。

带电作业：意味着电力工人在作业时不停电，这是一项具有高度危险性的工作。

带电作业的发展日新月异，唯有不断地创新，才能满足社会对供电可靠性日益增长的需求。多年来，李卫军先后发表论文16篇，参与编写了7本电力书籍，成功研制出100余项新型工具，其中65项已获国家专利局实用新型专利和发明授权，为企业增加效益近千万元。他也先后获得了全国“五一”劳动奖章以及中原青年工匠等荣誉称号。李卫军踏实能干，积极创新，用实际行动展示出新时代工匠的风采。

努力学习是前进的车轮

李卫军出身于一个普通家庭，父亲很早就去世了，家庭条件不太好。初中没毕业，他就从河南遂平老家来到驻马店打工。后来，他来到一家砖窑厂给人搬砖，手肿了，腰酸了，人瘦了，可他不叫一声苦。那时候拉砖坯，一个月挣不到 80 元。工作之余，他起早贪黑，挤时间学习，他深知，只有学习才能改变命运。他省吃俭用，用攒下来的钱到驻马店技工学校学习。半年之后，一次偶然的机会，他成为驻马店市电业局电力安装公司的门卫。不久，由于电力安装公司缺人手，李卫军从门卫成了一名学徒工，这一学就是三年。在工作中，他踏实肯干，兢兢业业，因表现良好，于 2001 年被调至输电运转专业带电作业班。

走上这个新岗位，李卫军深深认识到自己的不足：理论基础薄弱、操作经验不丰富。他坚信“笨鸟先飞”“勤能补拙”，他要做一只鹰，翱翔云霄的鹰。为了掌握更多的专业理论知识，攻克难关，他开始不断地给自己“充电”。

2007 年，他考上电大。两年后又考入郑州大学电力系统及自动化专业深造。那些日子，他去得最多的地方就是图书馆。他的时间表上没有节假日，只要休息，他肯定第一个到图书馆，最后一个走，连图书馆管理人员都记住了他坐的位置。他查阅了大量的专业理论书籍，做了几十万字的摘记。学习、实验，实验、学习，他的技能水平得到迅速提升。就这样，经过不懈的努力，李卫军的理论素养丰富了，就连同事也开玩笑说：“士别三日当刮目相待，说的就是你啊！”李卫军一步一步在奋斗的道路上前行。

默默奉献是工作的常态

在平原，在高山，一座座高压电线杆拔地而起，一张张高压电网如蛛网错综复杂。让高压电网时刻保持畅通，依靠的是不间断的巡查和维护。无论严寒酷暑，电力线路巡线工都穿梭在山间田地，工作非常辛苦。李卫军所在的带电班仅有 6 名成员，却担负着所辖 228.26 公里线路、1162 个基杆塔的运营维护任务和九县两区 1900 余公里输电线路带电作业工作。人员少，任务重，但李卫军从不叫一声苦，从不喊一声累。

每个月一到巡塔的日期，李卫军就和队友们一起，背起各式各样的工具，分赴各自的“战场”。每人每天平均要走 10 公里。烈日当空，风急雨骤，雪花纷飞，再恶劣的天气，再艰苦的环境，也挡不住他们的脚步。因为长时间走路，他们腿部几乎都患上静脉曲张，但为了万家灯火，这一切都是值得的。

一天晚上，巡塔途中的李卫军为了省钱，留宿在一家小型的车马店。该店住宿条件很差，房间地面潮湿不平，被褥脏得看不清原来的颜色，竟然还有几只鸡在床下不停地蹦来蹦去，各种异味掺杂在一起。换了常人，恐怕一刻也不想留，扭头就走了。可为了保存体力，李卫军忍着寒意和衣而睡，早上 4 点就从床上爬起来继续巡塔。

不是不艰辛，不是不危险，可是李卫军顾不上这些。他从选择了输电运转专业带电作业这个工作那天起，就有了思想准备。

1999 年的一次作业中，他和工友们驱车从施工现场返回，路上发生意外，两人当场身亡，他颅盖骨撞伤，颅内血管断裂，整整昏迷了三天。虽然幸运地捡回了一条命，但是车祸却导致他眼睛 700 多度近视。家人后怕不已，多次劝他换个安稳的工作，可李卫军有自己的想法：“再危险的工作也得有人来干，从当初的保安到现在这样平凡又幸福的生活，我已经很知足了。”他不顾家人的劝阻，毅然选择了坚守。

2010 年，河南南阳市遭遇特大暴雨袭击，高低压输电线路倒杆断线，造成大面积停电。灾情就是命令，李卫军立即随抢险突击队第一时间赶赴南阳支援，担任输电线路抢险作业现场安全监督和质量监督。面对复杂和艰险的抢修场面，瓢泼大雨中，他将技术人员组织在一起，进行现场勘察，做好技术攻关，全力保证抢险工作的安全进行。在 5 天 4 夜的连续抢险作业中，他始终站在作业一线，累计睡眠不足 20 小时，最终圆满完成了抢险任务。水泄了，电通了，那个坚定的身影定格在了人们的心中。

创新发明是不懈的追求

如果说冲在一线的李卫军让人们赞不绝口的话，那么，爱发明的李卫军就让人惊叹了。

2000 年，李卫军在线路检修时，负责更换一个损坏的线路金具——U 型环，因为经验不足，再加上身体单薄，他怎么也无法扛起 200 多斤重的避雷线。李卫军有些沮丧。突然，他的脑海里闪过一个念头：能否发明一种既省力又安全的机械装置，可以让作业人员轻松自如地完成操作呢？李卫军的发明热情被点燃了，一次一次实践，一次一次改进，在工作中寻求灵感，终于在 2001 年 7 月，成功研制出“杆塔地线提升器”，投入使用后工作效率大为提高。此项成果获得河南省电力公司青工创新创效三等奖。

李卫军善于发现并解决问题，解决问题的过程给他的技术创新带来了灵感。

2009年，豫南光缆多次发生断缆事故。光缆怎么会无缘无故就坏了呢？李卫军到现场进行勘察，对断缆原因进行分析，找出了问题所在：预绞丝与光缆之间存在高电压差，使得预绞丝持续放电而导致光缆外皮破损，进而造成断缆现象。这个问题当时在国内还没有针对性的处理方案。

李卫军想：既然是高电压差导致了放电现象，那么，在预绞丝端部涂刷RTV涂料，缠绕绝缘胶布，加装均压环进行处理，是不是就可以了呢？事实证明他的想法是有道理的，经过处理后的光缆果真没有再发生断缆事故。他把自己的光缆防治方案拍成了录像，给同行提供参考。这段录像被省公司系统作为治理ADSS断缆科技项目的示范。

RTV涂料：一种长久性防污闪涂料。它涂敷到绝缘子表面后，可在常温下固化为一层类似橡胶的薄膜，并牢固覆盖绝缘子的表面，能够显著提高绝缘子的污闪电压。

李卫军发明的“双分裂导线固定器”很实用，既减少了作业步骤，节省了作业时间，同时也提高了安全性，节约了一大笔作业经费。这项成果多次获奖并获得国家专利，在省内广泛推广使用。他还主持了带电更换220千伏线路的工具改造项目研究。

白天，他战斗在工地上；晚上，他在家编写材料。他说：“创新是一个不断发现、不断总结、不断反思的过程。只要做一个有心人，善于观察，寻找不足，就一定能够有所发现、有所创造。”

技能传承是不变的话题

电力工作关系到千家万户，需要团队的力量。2015年，驻马店供电公司成立了“李卫军劳模工作室”，为开展创新实践和培养技术人才搭建平台。李卫军在工作之余，潜心带领工作室成员开展创新项目攻关，他手把手地教，没有丝毫藏私的想法，也没有任何追名逐利的念头。李卫军的人格魅力深深感染了他的徒弟。目前，他所带的徒弟中已有 9 人取得技师证，3 人取得工程师职称，5 人走上管理岗位。工作室成员开展的“五小”科技创新和 QC 小组活动，也已硕果累累，多人成长为专业技术骨干和专家。

目前，很多年轻人偏爱轻松且薪水高的工作岗位，电力工作人员梯队建设也出现了一些问题，人才青黄不接。有很多刚毕业的大学生理论水平一流，可是实践能力较差，又缺乏吃苦精神，工作不了几年就调离。李卫军因此更加注重对徒弟们进行言传身教，他始终扎根一线，并希望在电力维修战线上，看到更多执着的身影。

李卫军工作近 20 年，没有丝毫的懈怠，也从未停下前进的脚步。勤勤恳恳、兢兢业业是他的工作态度，善于发现、勇于创新是他的工作追求。李卫军是普通的，他把热血和汗水洒向了这片热土，他把青春和生命献给了电力事业；他又是伟大的，他用满腔热忱实践了关于电力事业的理想和信念，谱写了一曲壮丽的诗篇！

【阅读关键词】奉献、创新、传承

【成长启示】创新是一个坚韧求索的过程，面对各种难题必须要有严谨的科学态度和持之以恒的奋斗精神。

工人有了知识，有了技能，才更有力量。

——毛正石

毛正石——精雕国际标准的铸造大师

从青铜器开始，铸造业在中国已有近4000年的历史。“差一寸，不算差”这句传统铸造业流行的老话正被“零缺陷、零误差”这个现代铸造业的新标准所取代。从“差一寸”到“零误差”的过程中，有一个人不得不提，他就是精雕国际标准的铸造大师——中车大连机车车辆有限公司的高级技师毛正石。

毛正石擅长铸造工艺、铸造方法和操作标准制定。30多年来，他潜心钻研铸造技术，攻克关键技术难题，以丰富的专业经验和过人的技术，向世界先进技术挑战，精心打磨出了符合国际标准的出口产品。他先后获得中央企业劳动模范、中国铸造大工匠等多项荣誉称号。荣誉的背后，是他数十年如一日的付出，是他默默无闻的奉献，是他精雕细琢的不变追求。

在钻研中成长

毛正石怀揣着对未来生活的美好憧憬从技工学校毕业后，被分配到大连机车车辆工厂（今中车大连机车车辆有限公司前身）铸造车间，成为一名普通的铸造工人。他还没来得及兴奋，就被厂里铸造工的形象给吓住了。铸造工，说白了就是“翻砂匠”，成天和砂土打交道，一天的工作下来，大家脸上都覆着一层黑灰，好像没洗净似的。

毛正石身边的一些青年工人因为嫌铸造工作苦脏累，挣得又不多，纷纷上了夜大，盼着拿个大专文凭好换个工作岗位。毛正石一度也有过这个想法，可是他转念又想：“三百六十行，行行出状元”，我难道就不能在铸造岗位上干出一番事业？于是，他买来技术书籍，把学技术当作每天的必修课，经常研读到深夜。

年轻的热血在胸中沸腾，理想的蓝图在心中勾勒。正是靠着这种坚持不懈的学习和钻研，毛正石的业务素质不断提升，逐渐成为铸造岗位上的行家里手，先后被聘为工人技师、高级工人技师。

从一名普通工人成长为高技能人才，毛正石将自己“铸造”成一名出色的行业领军人，一名只看铁水花就能精准地将1400℃的铁水温差控制在10℃以内的铸造大师。这并非一件容易的事，如果没有顽强的信念支持，没有钻研的精神支撑，生命之树是不会如此苍翠、挺拔的。

在挑战中突破

毛正石喜欢创新，喜欢挑战，他总是能将“不可能”变成“可能”。

柴油机整铸机体是交流传动大功率内燃机车的心脏，中车大连机车车辆有限公司与美国EMD公司共同试制柴油机整铸机体时，美国专家轻蔑地说：“你们前6台是不可能试制成功的。”这话太刺耳了！毛正石决心要用事实给他们有力的回击。首台试制中机体出现了质量问题，毛正石和团队成员一起讨论，大胆采用三维立体坐标控制尺寸等生产工艺，成功完成机体铸焊成型向机体整铸成型的“变革”，第二台机体一次性试制成功，而且整铸机体的质量已经超过美国标准。最终，在事实面前，美国专家赞叹道：“没想到你们的铸造工艺比我们先进多了！中国人好样的！”

2012 年，法国阿尔斯通公司向全球供货商发出通知，要用铸铁代替锻钢生产汽轮机叶片。由于产品对铸造工艺要求极高，当时全球没有几家公司敢接单。而中车大连机车车辆有限公司却毅然接下了这笔订单，是谁让他们有勇气拿下这一单呢？正是毛正石及他的团队。

活儿很棘手，但毛正石的词典里没有“退缩”这个词，他喜欢接受挑战。这一次，关键的突破点在温度。铁水出炉的温度在 1400℃左右，对于传统铸造产品来说，浇铸过程中允许有四五十摄氏度的温差，但毛正石尝试着把温差控制在 10℃以内。1400℃的铁水，温差不能超过 10℃，如此精细的拿捏，关键在于“眼力”。毛正石练就了判断铁水花大小的眼力。如果水花在 2.5 厘米左右，就证明温度在 1380—1390℃，可以开始浇铸；如果铁水花变大，超过 3.5 厘米，这一炉铁水就要回炉。毛正石这份高超的判断力来自于他长期的实践积累，一线工人的生涯让他拥有了丰富的经验。这次，他再次用经验创造了奇迹，如期完成法国阿尔斯通公司汽轮机叶片的生产任务，为公司创造产值上千万元。

长时间盯着铁水花看，对眼睛的伤害极大，因为铁水产生的强光有时比电焊的刺激还大。通常铸造师浇铸时都要戴上墨镜来保护眼睛，但毛正石为了看清铁水花，只戴一副普通的防护镜，这让他从 40 岁开始就成了老花眼，但他无怨无悔。“做事情哪能不付出呢？有付出才有回报。”他这样说。

近年来，毛正石和他的团队相继完成的三菱重工集团的风力发电机回转装置，史密斯公司各种滚套、齿轮环等高难度铸件，精度高，产品质量普遍好于国外，让公司成为行业内的翘楚，广受赞誉。他还在实践中总结经验，撰写了多篇论文，曾获国家科技成果奖。

在团队中提升

单丝不成线，独木不成林。毛正石深知：在全球市场不断升级换代的今天，铸造业要想高水平地发展，离不开大家的齐心协力。他开始边工作边带徒弟，把带徒弟的方法传授给徒弟，让徒弟再去带徒弟。这样，一带二，二带四，一批水平高、能力强的技术工人脱颖而出，成为集团的中坚力量。

2011 年 8 月，以毛正石名字命名的“劳模创新工作室”正式成立了，工作室主要开展技术创新、质量攻关、工艺改进、技能培训、名师带徒 5 项工作。6 年来，毛正石相继完成了大功率高原内燃机车的所有铸件工艺和操作指导书编制工作、新 6V 内燃机车铸造曲轴工艺研发和 12VH 型整铸机体工艺，为公司内燃机产品研发提供了有力的理论基础和技术支持。

铸造工艺复杂，废品率高是一大顽疾。毛正石带领技术组，进行技术攻关，将工艺重新调整，让废品率从 7% 下降到 2.5%，而国外先进水平的废品率是 3%，他们实现了技术的超越，一时间好评如潮。

从传统的内燃机车到风电产品核心部件，他们一步一个脚印，生产的产品已经出口世界 20 多个国家和地区。“没有技术的创新，就占领不了市场。”

如今，毛正石又以工作室为平台，成立了上百人参加的技术中心。他非常愿意看到一线工人积极上进的精神面貌，他觉得这是中国工人的未来所在，只有愿意学、能奉献，才能有所作为。毛正石在一线工人完成小批量、高难度项目的过程中，对他们进行工艺分析讲解及现场操作培训，以最直接、最有效的方式提升一线工人的技能，带动了一批高技能人才快速成长。

他总是想起刚刚走上工作岗位时在车间看到的那一幕：工人们灰头土脸，全身找不到一块儿干净的地方。他希望铸造工可以像医生、厨师那样，穿着白大褂上班，整个车间一尘不染。工人有了知识和技能，才更有力量，才能改变现状。毛正石希望中国200多万名铸造工，未来通过技术创新，为中国铸造走向世界贡献力量。

毛正石守着一炉铁水，一守就是30多年。岁月依旧，奉献不改。正是他与他的团队的执着坚守，不断创新，才让“中国制造”变成“中国创造”，在国际市场上发出了自己的最强音。

【阅读关键词】创新、创建、创造

【成长启示】创新的路不是一蹴而就的，唯有努力、恒心、合作，才能创造出一片新天地。

把一生献给石油是我最大的幸福。

——代旭升

代旭升——油田发明家

一张文质彬彬的脸上架着一副近视眼镜，一双普普通通的手在油井里忙碌，他是中国石化胜利油田东辛采油二矿的代旭升，一个质朴的石油工人。

在东辛百里油区，一个身影一会儿出现在试验现场，一会儿又出现在技术课堂……哪个井场发生小故障，哪儿管线堵了，他就出现在哪里。他就是代旭升，一个忙碌的石油工人。

他数十年如一日，痴迷于技术创新，先后完成技术创新 90 多项，其中 13 项获国家实用新型专利，1 项申报国家发明专利，1 项获国家技术成果奖，累计创效 1 亿多元。他还是代旭升，一个杰出的油田发明家。

无论是在艰苦的岁月里，还是在相对安逸的今天，代旭升坚定“多学知识才能多采油，开发油田必先开发心田”的信念，始终攥紧创新的金钥匙，靠着理想和信念，耕耘在革新创造的沃土上……

扎根一线，敬业奉献

1972年隆冬，17岁的代旭升离开“红瓦、绿树、碧海”的青岛来到胜利油田。初到油田的巨大落差让年轻的他一下子像掉进了冰窖里：他所在的采油16队，前不着村，后不着店，几栋破旧的“干打垒”，四周是一人多高的芦苇，连棵树也看不到。荒凉的环境让他简直不敢相信自己的眼睛，他觉得自己的前途一片黯淡。

干打垒：旧时北方农村特有的、最简便的用土做原料建筑的房子。这种房子的墙体，是在两块固定的木板中间填入黏土。

他萌生了退意，但很快一件事给了他很大的震撼，令他下了扎根一线的决心。那天，班上最偏远的一口井发生蜡堵，班长李友森带着队员去清蜡。清蜡最关键的是压钢丝，就像大夫给病人在血管里搭支架一样，必须连续作业，中间一刻也不能停。班长自己压钢丝，其他人几次想去替换，他都不肯，他喘着粗气说：“这口井是高产井，蜡堵得太厉害，还是我来吧。”当时正值寒冬，凛冽的西北风吹在脸上如同刀割一般，班长稳稳地站在井场上，一干就是5个多小时。清蜡完成后，班长腿一软，竟一下子跪倒在地。

那一刻，代旭升心潮澎湃，他明白了什么叫石油工人，从此暗下决心，要像班长那样扎根一线，做最好的石油工人，为祖国采更多的石油。然而，只有初中学历的代旭升，基础知识较薄弱，专业书常常弄得他晕头转向，机器原理也让他焦头烂额。可他没有放弃，一边工作一边挤时间学习。凭着这股毅力，代旭升硬是啃完了高中书本和《采油工艺》《采油地质》等书籍。

知识成就梦想，代旭升在追求技术进步的道路上不断取得新成绩。从技术能手到采油高级技师，再到采油技能大师，乃至成为胜利油田首席技能大师，代旭升一步一个脚印，一级一级攀登，最终到达了胜利的顶峰。

“懒人”创新，改革发展

代旭升在工作的同时，一直致力于技术创新，攻克了一道道技术难关，取得了一项项革新成果，在平凡的岗位取得了不平凡的成绩。

油田开发早期，代旭升所在的东辛采油2队一连上了7台链条式抽油机。每次给抽油机加油，他和同事都要爬上4米多高的机器顶部，操作起来费时费力不说，还有危险。

怎样才能不再受攀上爬下的折磨呢？代旭升开始琢磨，吃饭、走路都在考虑这个问题。他白天在井上观察，晚上在家查阅资料，认真研究平衡系统和储油包的结构原理，一个给抽油机加油的念头很快形成了。然而，真正付诸实施，却完全没有想象那么简单。一连3个月，代旭升的设计构想没有丝毫进展，他心急如焚。

但代旭升不认输，重新调整设计思路，反复修改图纸，不断实践……夜以继日地又熬了100多天，“气压式加油包”终于研制成功。工人再也不必爬上爬下给抽油机加油了，也不用担心从高空掉下来了。

这次富有技术含量的革新，带给代旭升喜悦和鼓舞，也使他认识到：“成功不会走向任何人，而任何人都可能走向成功。”

1993年10月，采油二矿在边远地区一连打了十几口新井。当时，附近没有气源点火加温，一到冬天管线就瘫痪，进而影响原油正常生产，需要大量人力、物力疏通管线。代旭升想：要是能研制出一种加热装置，该多好啊！

“别异想天开了，专家都解决不了的问题，你一个工人技师能行吗？别让人家看笑话！”别人给代旭升泼冷水，却更加激发了他排除万难搞研发的决心。

压力就是动力。千里冰封的严冬，代旭升骑着一辆破旧的自行车，穿梭在井与井之间，厚厚的工衣也挡不住北风的侵袭。手冻僵了，他就哈口热气暖和暖和。夜深人静，他一个人躲在屋里构思、研究，设计草图。90 多个日日夜夜，他没有睡过一个整夜觉，脑子里全是流程和图纸，就连梦中都做着试验。经过一次又一次的计算、设计和试验，“JN−150 型节能电加热器”问世了，代旭升的脸上露出了欣慰的笑容。付出终于有了回报，这项革新成为代旭升的第一个国家实用新型专利，使他坚定了继续“偷懒”、投身科研的信念。

代旭升“懒”出了名，“懒”出了新境界。他的“移动式套管气回收装置”研制成功，他的“玻璃钢油污储存罐”问世，他的“液压式调平衡装置”顺利通过胜利油田专家组鉴定，并在生产中推广应用。

从工作之初的毛头小伙，到技术纯熟的老工人，代旭升一门心思琢磨如何“偷懒”。即使是科学家研制生产的石油配件和工具，只要代旭升看到采油工用起来不方便、有危险，他就开始动脑筋、想办法。说代旭升“懒”，这个“懒”可真是名不虚传。

淡泊名利，甘为人梯

如今，已过花甲之年的代旭升除了革新，还尽心尽力地把经验、技术传授给他的徒弟们。代旭升技术精湛，经验丰富，对徒弟总能因材施教。

对刚收下的徒弟，他手把手地教；遇到徒弟思想上有了波动，他就循循善诱讲道理；当徒弟搞创新遇到“拦路虎”时，他再忙也要和徒弟一起找资料、想主意。徒弟张建国设计了一个“深孔取球器”，可是试验几次总不过关，于是就向师傅请教。代旭升不怕麻烦，详细了解设计原理后，提出了改进建议。可经过反复改进、试验，效果还是不理想。代旭升又换角度分析原因，指出改进方向。在代旭升的耐心指导下，张建国反复修正设计方案，“深孔取球器”最终研制成功。此后，张建国和师傅一样，把革新发明作为不懈的追求，相继有40项成果问世，2007年获得山东省“职工优秀发明家”荣誉称号。这份荣誉里凝聚着代旭升无私的指导和不计报酬的帮助。

目前，与代旭升正式签约的81名徒弟中，6人在全国技能竞赛中获奖，9人晋升为高级工人技师，32人晋升为技师，20人获得技术能手称号。成绩的取得离不开师傅的悉心教导，这样的师傅令人钦佩。

2005年，代旭升创办了“东辛采油工人技术创新协会”；2008年，又创办了“代旭升工作室”。工作室有一个特别设计的标识，其画面是这样的：清晨，旭日东升，工人们在认真观察油井地上、地下的生产动态，从中找出存在的问题。这个标识体现了代旭升的理念：努力工作，积极革新，为国家多采石油。工作室里每天都可以见到代旭升忙碌的身影。他带领工人坚守在一线，解决各类疑难问题，探讨创新措施。目前，代旭升的工作室已拥有核心成员11名，在册会员1500多人，推出创新成果500余项，累计创造经济效益6000多万元。

为了最大限度地实现成果共享，2007年初，代旭升自学了电脑技术，并利用业余时间自主创办了油田技能大师网站，实施网上助学助教。现在，网站已成为青年工人请教疑难问题的“技术家园”。他还把专利技术放在网站上，供人免费使用。这让部分人很是不解：“这都是你搞革新的成果，是可以转化为实实在在的效益的，你干吗免费提供给别人？”代旭升却说：“是油田给我了技术，促使我成长，我把技术毫无保留地传授给别人，是对油田的回报。”他的慷慨在有些人眼里是“呆”，但在代旭升的心中，知识的共享与传承才是最重要的。

从一名初中生成长为研究生“导师”，从一名普通工人成长为“油田发明家”，代旭升付出了常人难以想象的努力。他是油田工人的杰出代表，是我们这个伟大时代的骄傲。

【阅读关键词】 梦想、创新、共享

【成长启示】 有梦想的人生才更精彩。共享创新成果，共筑中国梦。

工匠精神就是做好自己的本职工作、精益求精，其实没那么多“高大上”的东西。

——徐立平

徐立平——雕刻火药的军工匠人

发动机固体燃料（火药）的微整形：火药是可以引起剧烈燃烧的药剂，在军事上主要是枪弹、炮弹的发射药和火箭、导弹的推进剂。当火药被推进导弹发动机，经浇注固化成型后，要切去多余部位，消除毛刺，对药面进行精细的修理，使之达到特定的尺寸、形状和平滑度，以保证精准燃烧，推动弹箭准确飞行。

沙场秋点兵。在纪念抗战胜利70周年大阅兵典礼上，装备方队展示了新一代预警机、舰载机、战略核导弹等国产武器装备，它们一亮相便赢得了世界的瞩目。它们不仅是捍卫国家安全和民族尊严的利器，更是中国工业制造实力的象征。在这些国之重器的背后，有一群默默无闻的军工匠人，他们胆量超人，甘于寂寞，坚守在偏僻的军工厂，只为实现心中的中国梦。徐立平就是其中的一位。

微整形，是徐立平的职业。不过，他不在时尚领域，雕刻的也不是工艺品，而是难度更大、精度更高、极度危险的导弹发动机火药。在火药上下刀，难度大，危险系数高，稍有不慎蹭出火花，就会引起燃烧，甚至爆炸。徐立平就是这样一个天天与火药打交道的人。

0.5毫米，是固体发动机药面精度的最大误差；而徐立平雕刻的精度不超过0.2毫米，还没有两张A4纸厚，堪称完美。这个极度危险的工作，全中国只有不到20个人可以胜任，而这里面最出色的就是徐立平。他甘于寂寞，冒着巨大的危险雕刻火药，将一件件大国利器送入太空，也让自己从一介普通职工成长为一名“大国工匠”。

不怕危险，勇挑重担

徐立平出身于一个光荣的航天之家，和很多航天家庭一样，全家 11 口人除了 3 个还在上学的孩子外，都是航天人。

徐立平的母亲温荣书，是中国航天固体火箭发动机生产基地整形车间最早的员工。20 世纪 60 年代，温荣书响应国家三线建设的号召，几经辗转，最终来到秦岭的大山深处。尽管远离城市，尽管深知雕刻火药的危险，1987 年，当不到 19 岁的徐立平从技校毕业时，母亲还是建议他到自己工作过的发动机药面整形车间，为导弹固体燃料发动机的火药进行微整形。

三线建设：1964—1980 年，国家在中西部地区的 13 个省、自治区进行了一场以战备为指导思想的大规模国防、科技、工业和交通基本设施建设。

固体燃料发动机是导弹装备的心脏，在上千道制造工序中，发动机固体燃料微整形要求极高。而火药整形在全世界一直是个难题，无法完全用机器代替。作为一名航天人，温荣书自然比任何人都知道这项工作的重要性和危险性，但她却说：“我刚工作的时候有同事整个手指都烧掉了，可还是愿意到最危险的岗位上去，我想作为一个年轻人，你也应该有这样的勇气。”就这样，徐立平在母亲期待的目光中，开始了发动机药面整形工作。

1989 年，我国重点型号发动机研制进入攻坚阶段，一台即将试车的发动机火药出现裂纹。为了不影响后续的研制进度，同时为不可逆的发动机装药探索补救方式，减少数百万元的损失，中国航天科技集团公司四院专家组在反复论证后做出艰难决定："就地挖药，查探修复！"整形师要钻进翻个身都很难的发动机狭小的药柱里，一点一点挖开填注好的火药，寻找问题部位。

当时还不足21岁的徐立平主动请缨，凭着精湛的技艺和过人的胆量加入了挖药突击队。在装满火药、仅有一名操作人员半躺半跪的发动机壳体里工作是对每一名突击队员身心的严峻挑战。他们用木铲、铜铲小心翼翼地一点点挖药，每次只能挖四五克，高度紧张和缺氧使人每次只能工作十分钟。徐立平总是坚持多干五六分钟才出来，在里面除了铲药的沙沙声，就只能听到自己的心跳声。

徐立平和同事们经过两个多月高度紧张的工作，挖出了300多千克火药，成功排除发动机故障。发动机修补后试车成功！由于长时间在密闭空间里接触火药，他的双腿一度失去知觉，经高强度的物理训练才逐渐恢复。像这样危险的任务，徐立平已不记得完成了多少次。

在2015年"九三"阅兵式上，一部分导弹发动机火药就是徐立平亲手雕刻的。这是项极其精细的工作，下刀的力道完全要自己判断，药面精度是否合格直接决定导弹的精准射程。徐立平准确把握要求，做到一刀一个准，在他的手下，从没有出现一个废品。这并不是容易的事，没有什么捷径可走，用心苦练是唯一的方法。

如今，徐立平已不再年轻，工作30年，同时进厂的工友们都已离开单位或调换岗位，只有徐立平一直坚守。有人问他为什么，他说："危险的岗位总得有人去干哪！"

徐立平一直奋战在一线。他用执着谱写了一支奉献与永恒的赞歌。

勇于创新，无私奉献

在日复一日的苦练下，徐立平练就了仅用手摸一下，就能雕刻出符合设计要求的药面的绝活儿，雕刻的精度不超过 0.2 毫米。凭着对事业的忠诚和责任、过人的胆识和智慧，徐立平苦钻善学，积累了丰富的工作经验，多次出色完成急难险重任务。

为了杜绝安全隐患，徐立平自己设计发明了 20 多种药面整形刀具，其中有 2 种获得国家专利，1 种被单位命名为“立平刀”。

7416 厂远离西安市区，偏僻安静。一年中的夏天和冬天，是他们最受煎熬的时刻，因为工作的时候必须时刻敞开“生命通道”的大门。夏天厂房里开了电扇，让人感觉不那么热，但是成群的蚊子闻声赶来，它们对准人进攻，仿佛闻了火药后具有了超能力似的。冬天更是难熬，大门敞开着，呼呼的西北风灌进来，人都快冻僵了，只能把手放在暖气上烤烤再重新拿起刀具。手冻得直发抖，生了冻疮，这些都是常事。

艰苦的环境并没有阻挡徐立平献身航空事业的决心，他有一种“初生牛犊不怕虎”的精神，时刻充满了斗志。看到大伙儿跟他一起在危险的岗位上奋战，自己并不是在孤军作战，再难的任务也信心满满。他从队友身上学到了为国奉献、团结勇敢的精神。这样一种集体的凝聚力让徐立平更加坚定了自己的报国梦。

长年一个姿势雕刻火药再加上火药中毒后遗症，徐立平的身体变得向一边倾斜，头发也掉了大半。他却非常从容地接受了自己的现状。他觉得，做任何事都是需要付出的，他付出的是自己的心血和自己的健康。

从认识技艺到掌握技艺，徐立平一丝不苟，兢兢业业。在他身上，表现出一种彻底而又纯粹的工匠追求和工匠精神。他把对祖国的热爱融于日常的工作中，把对航天事业的执着刻在热血沸腾的心间。国家国家，有国才有家，徐立平和他的家人一样，心中唯有祖国，而忘了小家。

传承精神，匠心筑梦

抬望航天梦，俯刻匠人心。30 年来，徐立平严格要求自己，与最危险的火药为伴，双手从容雕刻，不急不躁，完成了一次又一次的火药整形工作。

每当徐立平和他的战友们看到神舟飞船上天、嫦娥卫星升空、撒手锏武器装备走过天安门广场时，他们的心中总会涌起一股豪情：这就是我们工作的意义和价值所在！炽热的爱国情感来自于徐立平良好的家教，他的母亲温荣书经常对他说："国家才是第一位的，没有国何有家？你的工作对国家很重要，一定要少计较，多奉献！"

值得欣慰的是，越来越多的人愿意加入到航天大家庭中来，为航天事业奉献自己的青春。现在，徐立平带领工作班组，继承了老师傅们的工匠精神：唯有踏实肯干，才能有成就；唯有不怕牺牲，才能有突破。在徐立平的办公室墙上，写着"刀锋"和"匠心"四个大字。对于徐立平和他的同事们来说，这四个字是要求，是写照，更是梦想。

在实践中探索，在总结中提高，徐立平一天也没有停下探索的脚步。他撰写的论文、报告多次在院厂获奖；在他的带领下，班组完成了 30 多项技术革新。名师出高徒，在他培养的 7 名徒弟中，2 人已担任重点班组长，2 人成为国家级技师，其他均为班组生产骨干。

在中国航天科技集团公司四院，像徐立平一样忠于航天事业的人还有很

仅仅摸一次，就能雕刻出设计要求的药面，徐立平没有夸张。0.5毫米，0.3毫米，0.2毫米，他手里的刀会切下预期厚度的火药。

多。他们立足本职工作，忘我地奉献着；他们不断探索，用知识武装自己，改革创新，用更优质的产品为祖国交上满意的答卷；他们不怕牺牲，愿为祖国的航天事业献出自己的生命。

徐立平有一颗为国为民的赤子之心。虽然像他这样身处“神秘”岗位的航天人离我们的日常生活很遥远，但航天人潜心做事、默默耕耘的奉献精神却让我们钦佩。他们身上体现着社会主义核心价值观，有着非常感人的力量。他们是中华民族的脊梁，为整个社会注入了极为宝贵的正能量。

【阅读关键词】 无畏、无私、无悔

【成长启示】 热爱自己的岗位，对危险无所畏惧，忘我地工作，才能成就无悔的一生。